木戸 功★著
Kido Isao

概念としての家族

家族社会学のニッチと構築主義

新泉社

はじめに

そしてまた私は、私の家族を「家族」一般に還元することを欲しないのと同じく、私の母を「母」一般に還元することも欲しない。

「遺書」となった著作『明るい部屋』（花輪光訳、一九八五年、みすず書房）の中で述べられている、ロラン・バルトの言葉である。そして、この一文との遭遇、これがわたしの家族研究のそもそもの始まりであった、と思う。もちろん、それはいまふりかえってみたときに、その起点として位置づけられるような、よそいきの、かしこまった、そしてたぶんちょっと美しく脚色された物語の一部のようなものであるのだけれども。しかし、そうであるとしても、制度としての「家族」に回収しきれない、人々の家族をめぐる経験。そうした個人的で、そしておそらく瑣末で、場合によってはとるに足らないようなものであるかもしれない、そうした経験。どうすればそれらを、真正なものとしてとりあげ、分析することができるのだろうか。そしてそれらを対象とするような家族をめぐる社会学的研究というのはどのようなものなのだろうか。素朴ではあるけれども、以来ずっと現在にいたるまで抱いている問題関心である。

さて、本書は、ここ一〇年くらいの間に筆者がとりくんできた、それぞれは個別的であって、もともと体系的に結びつけられていたわけではないもろもろの研究たちを、「概念としての家族」というテーマのもとに六つの章に整理してまとめあげたものである。

目指したことは大きく分けて二つある。ひとつは、おおむね第1章から第3章で試みていることなのであるが、家族を社会学的に研究するにあたっての自らの立場を明確にすること。より具体的には、社会構築主義という立場からの家族研究のあり方を検討することなのであるが、そのために、構築主義的な家族研究の「もちあじ」がどのあたりにあるのかということを、先行する諸研究の成果をふまえて検討するとともに、こうした研究のあり方を家族社会学という領域のどこに位置づければよいのかということを議論している。いまひとつは、こちらはおおむね第4章から第6章でとりくんだ課題なのであるが、そうした立場から、実際の家族に関わる現実に接近し、そこで収集した素材を用いて現代社会において生起している家族をめぐる諸問題について考察することである。

本論に先立ち、それぞれの章を簡単に紹介しておきたい。

第1章では、さまざまな立場が並立・併存している現代の家族社会学の分析視角の「多様化」状況を整理した上で、社会構築主義的な研究の可能性をさぐっている。『家族とは何か?』をはじめとするジェイバー・グブリアムとジェイムズ・ホルスタインの諸研究を導きの糸としながら、構築主義的な家族研究のあり方を検討している。家族社会学は一定のやり方で家族の概念規定を行うことで、自らの研究対象を確定してきた。けれどもその一方で、現実の家族生活を営む人々というのも、ほかでもない「家族」生活を営んでいる以上、やはりなんらかの概念規定を行っているはずである。そしてそれは、学術的な概念規定に先立って、すでに日常生活の中に存在するはずのものである。となると、そうした人々が行う家族の概念規定とはいったいどのようなものなのか、という疑問がわいてくるのではないか。こうした疑問に応えようというとりくみが構築主義的な家族研究である、とさしあたりいえるだろう。

第2章では、一九六〇年代に生じた「核家族論争」を題材として、「多様化」以前の標準化された家族社会学の日本における形成過程について考察している。日本における家族社会学は、二〇世紀の中頃に確立した核家族を基本的な分析単位とした米国家族社会学の理論構成（家族の「標準理論」）を積極的に受容することよって、ディシプリンとして確立していったのではないか、ということがここでの作業仮説となっている。「核家族論争」はそうした日本における家族社会学の確立過程において、それに異を唱えた山室周平の「核家族論批判」を契機として展開される。この論争の経緯を追うことで、戦後の日本社会において確立した家族社会学が、そこで提起された問いに必ずしも十分な解を与えることなく成立したことを批判的に論じている。

第3章は、家族社会学における家族の「機能」というアイデアについて批判的に検討している。あくまで試論の域を出ないものであるが、家族の「標準理論」から分析視角の「多様化」へという流れを、「機能」という側面のとりあつかいという観点から再考するとともに、社会構築主義的な家族研究においては、それを人々の活動へとさし戻すことを提案している。

第4章は、つづく二つの章へのブリッジのようなものとして、社会構築主義的な立場から現代家族の経験的研究を進めていくにあたって、その対象とフィールドをどのように設定するかということを検討している。ケアの社会化にともなって生じる家族を含めた私生活の「脱私事化」という事態を、現代の家族をめぐる重要なトピックとみなし、そうした事態に巻き込まれつつある人々に接近していくにあたって、ひとつのフィールドとして、福祉という制度および実践に着目するというアイデアが示される。

それをふまえて、第5章および第6章は、筆者が行ったエスノグラフィックなフィールドワークにもとづく現代家族の考察である。それぞれ別々のフィールドにおけるものであるが、いずれの研究においても一定期間、福祉施設の現場においてスタッフの業務に帯同し参与観察を行うとともに、面接調査等を実施してきた。筆者のこうした経験的研究は現在も進行中のとりくみであり、本書におさめたこの二つの章はそうした試行錯誤の経過報告のようなものである。第5章では、「家族支援」のあり方を再考することが、また第6章では、家族を取り囲む「地域」へと関心の幅を少し広げながら「脱私事化」のエージェントとしての福祉のあり方を通して現代の家族について考察することが試みられている。

いくつかの章について、ベースになっている論文はそれぞれ次の通りである。

「家族社会学における「多様性」問題と構築主義」『家族社会学研究』12(1)、四三〜五四頁、二〇〇〇年。(第1章)

「「家族社会学」の構築――「核家族論争」を再考する」『家族研究年報』23、二一〜一七頁、一九九八年。(第2章)

「家族であることを支援する――「家族支援」の技法をめぐって」『社会政策研究』5、一四七〜一六六頁、二〇〇五年。(第5章)

「〈対象〉としての「地域」/〈資源〉としての「地域」――福祉的実践と「地域」の組織化」『札幌学院大学人文学会紀要』82、九九〜一一八頁、二〇〇七年。(第6章)

もちろん、いずれの章も可能な限り修正を施し書き改めている。とくに古いものほど大幅に改訂してあり、第2章などはほとんど原形をとどめてはいない。比較的最近の論文にもとづいた第5章および第6章もその後の展開をふまえて加筆、修正を施してある。

家族社会学とは、家族それ自体に接近していく上でのひとつの構えのようなものなのだろう、と思う。しかしながら、当の「家族それ自体」というのはいったい何なのか、どのように接近可能なものなのか。本書では概念という水準に着眼し家族に接近していくことを試みている。となると、本書で行った考察は結局のところ「家族それ自体」とは異なるものをとりあつかったにすぎないと思われる方もおられるかもしれない。しかし、筆者は必ずしもそうは思わない。実際に人々がそれに関わり、形成し、営むところの対象がほかでもない家族であるとするならば、それは件の人々にとっても「家族」という概念を用いることによってのみ把握されうるような現実である、と考えているからである。

概念としての家族
◎目次

装幀　仁川範子

第1章

家族社会学の「多様化」と社会構築主義

1　家族と家族理論の再考

二〇世紀の社会学における家族の「標準理論」（Cheal 1991）は、人類学者ジョージ・マードックが提唱した核家族普遍説（Murdock 1949=1986）を社会学的に敷衍することで確立される。その範例といえるタルコット・パーソンズの家族理論（Parsons and Bales 1956=2001 など）では、近代社会という社会システムの下位システムとしての位置づけを与えられる家族（すなわち近代家族）は、典型的には核家族という構造をもち、また特有の機能を有する小集団として概念化された。核家族論ともよぶことができるこの二〇世紀北米型家族理論は日本の戦後の家族社会学にも強く影響をおよぼしていくことになるが、欧米においては一九六〇年代の後半から、そして日本においても一九八〇年代以降、「集団論的パラダイム」（落合 1989）、「核家族パラダイム」（森岡 1998）などとも称され、その批判的相対化が試みられていくことになる。

こうした家族ならびに家族理論を再考するというとりくみの中で、欧米の家族社会学においては、一九八〇年代の終わりから一九九〇年代にかけて、研究実践の文脈依存的性質（contextuality）をめぐる問題がしばしば活発に論じられた（Thomas and Wilcox 1987；Thomas and Roghaar 1990；Cheal

1991；Doherty, Boss, LaRossa et al. 1993)。社会学を含めた科学理論を、文化的、社会的事象の域内において、それを背景としながら編成されるものとみなすことが家族の研究領域においても顧みられるようになったわけである。こうした動向をその論者たちの議論をふまえて、家族社会学の「ポスト実証主義的」転回とよんでおこう。(1) 研究実践の文脈依存的性質という認識によって、わたしたちは理論や所見が産出される過程への関心を強めていくことになるが、その一方で、そうした実践はまた、それ自体が相互反映的に当の文脈を構成する要素のひとつであると考えられる。このような実践とその文脈の循環的関係を前提とするならば、たとえば社会学のような研究領域の理論や所見が経験的現実に対しておよぼしうる影響のあり方についても配慮が求められることになる(Bernardes 1987；cf. 渋谷 1999)。家族社会学における「ポスト実証主義」をめぐる議論は、その社会的な「責任」(Bernardes 1993) を含めた反省をともなって展開されてきたといえよう。

こうした認識に依拠しながら、主として米国における家族研究の歴史的展開をその文化的、社会的文脈との関わりにおいて整理したウィリアム・ドーティら (Doherty, Boss, LaRossa et al. 1993：15-17) は、一九九〇年代にいたって、家族の研究領域にみてとることのできるいくつかの新しい傾向を指摘している。「不完全で過度な単純化の恐れがある記述」と断りながらではあるが、かれらは以下の九点を指摘している。

①フェミニズムとエスニック・マイノリティに関する理論やパースペクティブの影響
②家族形態が劇的に変化してきたという理解
③家族研究に対してさまざまな専門家が関わりつつあるという傾向
④理論的および方法論的な多様性へと向かう傾向
⑤言語と意味についての関心が強まっていく傾向
⑥構成主義的アプローチおよび文脈に敏感なアプローチへと向かう動き
⑦倫理と価値と宗教への関心の増大
⑧家族生活における公私領域、家族の社会科学と家族への介入という二分法の解体
⑨家族理論および研究知識の文脈依存的な限定についての家族研究者による認識の増大

ドーティらが指摘する家族研究におけるこれらの新たな傾向からは、おそらく現在もその途上にある家族と家族理論の再考という企てを支える現実認識に関わる二つの様式を析出することができるように思われる。そのひとつは、女性や非白人に代表されるようなマイノリティへの配慮であり、従来は分析的なまなざしを十分には向けられてこなかったそれらの人々の経験や家族のあり方についての認識である（①）。こうした認識はいわば「標準理論」のブラインドネスの自覚ともいえるが、それをふまえて、より包括的な家族社会学のあり方が模索されることになる。

いまひとつは、現代の家族変動という認識であり（②）、それによって説明力の低下した「標準理論」に代わる新たな理論的枠組みが模索されることになる。こうした認識はとりわけ、近代以降の社会のあり方を見据えた現代家族をめぐる諸議論において、かつての「画一的」な家族のあり方（近代家族）から、現代の「多様な」家族のあり方（ポスト近代家族）への変動としてしばしば問題化されてきた。家族の「多様性」の増大という認識である。

いずれの様式においても、家族とそれをめぐる人々の経験的現実に関わる「多様性」が重要なトピックとなっていることに注目したい。さらにかれらの議論においては、そうした現実認識に加えて、社会学を含めた家族研究のあり方が問い直されつつあるとともに、その理論的、方法論的な水準での「多様性」が増大しつつあることが示唆されているといえよう（③〜⑨）。

本章では、こうした「多様性」をめぐる問題を軸としながら「再考」以降の家族社会学のあり方を整理した上で、その多様な分析視角の中でも社会構築主義（以下、文脈に応じて「構築主義」とも表記する）とよばれる家族研究のアプローチをとりあげ、この領域におけるその位置づけと可能性を議論する。(2)

2 「多様化」という家族変動

近年の家族の「多様性」をめぐる議論においては、それが「標準理論」とその前提とされてきたモデルである近代家族の批判的相対化をひとつの契機とするとともに、現実の家族に観察される「多様性」の増大がときに近代家族以降の家族のあり方への変化の兆しとして理解されてきたことから、みすごされてきた事象への着目よりも、むしろ現代の社会変動の一側面としての家族の「多様化」という問題が、「個人化」などとともに積極的に主題化されてきたように思われる（Rapoport 1989；野々山・袖井・篠崎 1996；Demo, Aquilino, and Fine 2005）。

家族の「多様化」をめぐる研究動向を批判的に検討している進藤雄三（1997：27–28）の言葉をかりるならば、そうした議論においては、一方で、かつての主流であった典型的核家族世帯が占める比重が近年低下してくるとともに、単身世帯や父子・母子世帯等を含む非核家族世帯の比重が増加してきたという「世帯構造の次元」における変化が注目されるとともに、他方で、そうした非核家族世帯を核家族世帯と「価値的に等価な生活様式」とみなすという「規範的次元」における変化が注目される。家族の「多様性」や「多様化」をどのように概念化するかという問題は、それ自体がひとつの論争的な主題となりうるものであるが（Gubrium 1993）、米国を中心とした議論を整理した上で「家族意識の多様性」を論じた渡辺秀樹（2008：43–44）は、「家族の多様性」を「家族に関わる経験（family life events）の多様性」と「実態としての家族形態の多様性」とに区分し、それぞれの傾向を論じている。

いずれも近代家族モデル（あるいは核家族モデル）によって説明可能な生活様式の脱主流化や相対化を契機とするものといえるが、前者がいわば個々人のライフコースの「多様性」の増大という傾向であるのに対して、後者はそれによって生じる世帯形態の「多様化」といえよう。さらにそこではそうした「家族の多様性」を現出させる要因が、それを許容する「家族文化」の浸透と、人々の生活に大きな影響を与える経済不況などを含めた構造制約的な出来事とに区別されて示されている。前者を規範変容的要因、後者をそうした規範変容を必ずしもともなうわけではない構造変容的要因（その意味では文化遅滞ともなりうる）と言い換えることができるだろう。

家族の「多様化」をめぐる諸議論は、新たな研究のあり方を模索するという「再考」以降の家族社会学において、それを牽引する重要な役割を担ってきたといえよう。また「多様化」をめぐる諸議論にしばしばみてとることのできるような、ジェンダー不平等や家族主義さらに異性愛中心主義といった価値観を批判的に相対化するというアイデアは、「標準理論」の限界を克服し新たな家族社会学を構想する真摯なとりくみとともに提案されてきたものである。しかしながら、家族の「多様化」をその脱近代化のあらわれであるとみなすような理解の仕方に対してはより慎重であることが求められる。二つの点を指摘したい。

まず、「多様化」という現代の家族変動に関する認識は、論理的にかつての家族の画一性を前提とせざるをえない。この点をことさらに強調するつもりはないのだが、「多様化」という認識はかつての社会における家族の「多様性」(とりわけマイノリティの存在)を見えにくくしてしまう可能性をもつということには自覚的であることが求められるだろう。たとえば、ひとり親家族、ホモセクシュアルの家族、夫婦共働きの家族等々「標準理論」によって積極的にはとりあげられてこなかったさまざまな対象には、「多様化」しつつあるとされる家族のバリエーションとして数え上げられるものが数多く含まれている。そうした「マイナーな」家族が実際に増加してきているとするならば、そのような動向を現代社会の規範変容や構造変容との関わりにおいて考察することにはもちろん意義がある。しかしながら、そのことによってそれらの家族が文字通り「マイナーな」ものとしてかつてから存在してきたという事実がないがしろにされてはならないだろう(3)。

つづいて指摘したいのは、「多様化」をめぐる諸議論における規範や文化のとりあつかいについてである。それらの議論においては、主として家族形態や人々のライフコース上の出来事経験といったいわば実態水準の「多様化」に関心が向けられる。加えて、性や結婚や家族に関する意識や規範の変化や、生殖技術の進歩や社会生活上の利便性の向上といった動向が、こうした多様な生活様式

の選択的な享受を可能とする条件として言及される。(4)

近年の家族の「多様化」や「個人化」をめぐる諸議論において採用されてきたこうした理解、とりわけ、家族に関する「規範の変動が「個人の選択」の余地を拡大し、家族の多様化を推し進めてきた、という理解」を「規範変動的説明」とよぶ田渕六郎（2002：83–86）は、こうした説明を「家族変動の一側面を理解するのに有力な仮説」としながらも、いまだ多くの検討されるべき課題が残されているという。とりわけそこでは、「マクロレベルで進行する家族変動」に対して「その基底にあるミクロの家族行動において用いられる規範がいかに変容しうるのかを詳しく検討すること」によって「家族変動に関する理論を洗練すること」が重要であるとされている。そこで示されているのは、「同一の」ものとして観察可能な人々の出来事経験や行動が、それぞれに異なる動機づけや論理によって選択されている可能性があるということであろう。家族の「多様化」に関する「規範変動的説明」においては、こうした人々の規範運用のあり方に対する配慮が十分ではないということである。

また、進藤（1997）やそれをふまえた才津芳昭（2000）も指摘するように、「自由」や「平等」や「友愛」という近代性が備える理念に照らして考えるならば、たとえば、個人の主体的選択にもとづくとされる家族の「ライフスタイル化」（正岡 1988；野々山 1996）は「自由」の、ジェンダー不平等に対して批判的な平等主義的家族の模索は文字通り「平等」の、ホモセクシュアルの人々やペット等々といった血縁や婚姻にとらわれない情緒的な絆の重視は「友愛」の、といったように、「多様化」した家族の例としてしばしば引き合いに出されるこれらの「新しい家族」は、脱近代的な家族のあり方を体現するものというよりも、むしろ近代家族が追求してきたはずの理念をより徹底して体現するものとして理解することができる。[5] さらに、「家族格差」をめぐる山田昌弘（2005, 2007）の諸議論において示されているように、近年のライフコースの「多様化」とそれにともなう生活形態の「多様化」は必ずしも家族をめぐる価値や規範の変化によって導かれているわけではなく、構造制約的な要因を背景として生じてきた現象であるとも考えられる。[6]

このように、家族の「多様化」をめぐっては、その実態のみならず、家族に関わる規範のとりあつかいをより洗練させていく必要がある。実態の変化は規範の変容をともなうとは限らないからである。松木洋人（2003：138）によれば、そもそも家族規範をめぐる問題は家族社会学において主要な論点のひとつであるにもかかわらず、その「概念自体が、前景化したかたちで議論の焦点とされることはあまりなかった」という。従来、家族に関わる規範は、人々の行為や行動の説明変数としての位置づけを与えられるとともに、研究者にとってはある種のイデオロギーとみなされ、客観的で中立的な観察や判断をさまたげる「汚染物」とみなされてきた。

それに対して、松木はハロルド・ガーフィンケル（Garfinkel 1967＝1989）らのエスノメソドロジー研究の知見をふまえた上で、家族規範を、研究者も含めた「社会のメンバーによって、当の社会を解釈するために資源として利用される」ものとして理解することを提案している（松木 ibid.：144）。人々のふるまいや言動がわたしたちにとって理解可能なものであるとき、それらは規範的に秩序だったものとして成立している。家族の「多様化」をめぐる問題に対しても、松木は、新たに生じてきているといわれる現象が、「現代社会に特有の家族規範によって秩序化されているのかどうか」それ自体を経験的に検討すべき課題であると論じている（ibid.：147）。

たとえば「世話」や「愛情」といったわたしたちにとってなじみ深い語彙は、現代社会においても家族のイメージを構成する主要な要素でありつづけている。こうした典型的な近代家族が喚起する意味やイメージは、きわめて現代的で多様な「家族的関係性」を組織化する際にも適用されうるであろうし、また「家族」という概念がそうした関係性を表現するための語彙として適用される場合もあるだろう。

実態レベルでの「多様化」の把握は、家族の意味やイメージを含めた価値や規範の「多様化」の把握をともなうものでは必ずしもない。その実態が「多様化」するほどに、それらを合理的に把握し理解可能なものとするために、適用される概念や言説がむしろ「画一化」するという可能性すら考えられるだろう（田渕 1999b）。家族に関する言説やその意味がもつ社会的な力を考慮するならば、実態の変化を過度に強調することは、新たなブラインドネスとなって、ともすれば「かつての家族（近代家族）」がもつ性格が、それとは気づかれないままに強化されていくというプロセスを把握し損ねてしまいかねない(7)。

家族社会学における「多様性」をめぐる問題は、家族形態の「多様化」という現代的な家族変動の問題のみにおさまりきるものではない。実態の変化に対する規範の様態に目を向けることによって現代家族のあり方を考察するとともに、これまでの家族社会学が適切な分析的まなざしを向けてこなかった現実の家族の「多様な」あり方に配慮することが求められているのである。

3 家族社会学の「多様化」

それぞれの強調点やその方向性にはさまざまな相違がみられるにせよ、「再考」以降の家族社会学においては、家族の「多様性」という現実認識をともないながら、その分析視角の「多様化」が展開してきた(8)(船橋 1996)。すでに触れたように、分析視角の「多様化」は、家族の「標準理論」の批判的相対化を契機とするものであるが、こうした新しい研究においては「標準家族」の典型である「核家族」に代わる分析単位の設定や「家族」という語の限定的使用をはじめとして、これまでのやり方とは異なるさまざまな企てが模索されている。

とりわけ英米圏の家族研究においては一九九〇年代以降、伝統的な分析単位としての“the

famiry" の使用を控えて、たとえば "families" といった表記をそれに代わって用いるといった傾向が指摘できる。こうした表記上の変化は、家族社会学が与件とする「家族」概念によって現実の家族を演繹的に把握するのではなく、現実世界の個々の具体的な「諸家族」を経験的に把握するという研究実践上の立場の変化を意味するものであるともいえる。その背景には経験的現実における家族の「多様性」という認識を読みとることもできるだろう[9]（木戸 1999）。しばしば引き合いに出されるように、かつての "Journal of Marriage and the Family" が、二〇〇一年より "Journal of Marriage and Family" へと名称変更したことは、そうした動向を象徴する出来事のひとつであろう。二一世紀を迎えて「学術的なレベルで、家族の多様性が制度的に最終確認」（渡辺 2008：43）されたわけである。

さらに、こうした分析単位あるいは概念規定をめぐる問題は、しばしば「家族社会学（family sociology）」というディシプリンそれ自体についての反省とも結びついており、それに代わって、たとえば「家族研究（family studies）」というより包括的なディシプリンの必要性も主張されてきた（Morgan 1996；Bernardes 1997）。

「ポスト実証主義的」転回をふまえて、家族と家族理論の状態について論じる中で、デイヴィッド・チール（Cheal 1991：125–132）は、欧米における「the family」をめぐる批判的な議論に言及するとともに、家族社会学において生じた概念規定をめぐる問題と、この「定義問題」に対する理論的な対応とその後の展開を整理している。そこでは、家族研究者による「定義問題」への対応が、「概念の特定化」「概念の放棄」「概念の置き換え」「概念の拡張」という四つの立場に区分されている。[10]

「概念の特定化」は、「家族（the family）」概念の限定的使用とでもいうべきアプローチである。家族の「多様性」という認識は、典型的とされてきた「家族」のあり方を相対化することをわたしたちに促すものであるが、その存在を否定するものではもちろんない。そもそも「多様性」という認識を有意味なものとしているのは「家族（the family）」というルートイメージであろうし（進藤 1997）、また、家族が「多様化」したといわれる現代においても、「家族（the family）」概念やモデルが想定していた典型的な核家族が形態の次元においても、また規範の次元においても消滅したわけではない。家族の「多様化」状況をふまえた上で、「現代の伝統的集団」としての「家族（the family）」を研究することには依然として意義がある（Smart and Neale 1999）。近代社会における制度としての家族、とりわけ「家族のプロトタイプ」の探究という意味においては、いわゆる近代家族論（落合 1994；上野 1994；山田 1994；牟田 1996 など）もこうしたアプローチの一例とみなすことができるだろう。

「概念の放棄」は、その定義の困難さなどにより分析単位としての「家族」概念を放棄し、それに代わる新たな概念を設定するというアプローチである。「定義問題」の「もっとも極端な解決法」ともよばれているこのアプローチは、「家族」の相対化という意味においては先の「概念の特定化」

と表裏の関係にあるとみなすこともできる。チールは、こうしたアプローチを採用している例として、「親密な関係（close relationships）」や「第一次的関係（primary relationships）」といった概念を「家族」に代わって採用しているジョン・スカンゾーニら（Scanzoni et al. 1989）の研究に言及している。同様の戦略は、家族社会学とは文脈を異にするものではあるが、ケアを内包する関係性をめぐって、さまざまな不平等や非対称性を抱えた「家族」の限界を指摘した上で、「親密圏」という概念による再定式化を提案している齋藤純一（2003）の議論をはじめとして、カップル、パートナーシップ等々といった代替概念を用いる諸研究などにもみてとることができる。さらにこうした戦略の可能性は、「新たな」操作概念の設定に限らず、たとえば「世帯」概念の意義や、また「家内集団」などといった家族研究にとってなじみ深い諸概念の有効性をあらためて検討する契機ともなるだろう。

「概念の置き換え」は、概念を定義する主体を研究者から経験的世界を生きる人々に移行させるという戦略である。研究者によって定義された「家族」概念の使用を控えて、日常生活において人々が行っている家族の定義を研究のためのトピックとするようなアプローチであり、次節以降で詳しく検討することになるが、社会構築主義や「主観的家族論」（田渕 1996；岡本 1999；土屋 2002）といった立場がその例としてあげられる。(11)

「概念の拡張」は、新しく生起しつつあるさまざまな現象に対して、それを包括しうるように「家族」概念の適用範囲となる指示対象を拡大していくというアプローチである。チールは、たとえば伝統的な家族のみならず共働きの家族、ひとり親の家族、再構成された家族（ステップ・ファミリー）などを貴賤なくとりあつかうローナ・ラパポート（Rapoport 1989）の「多様性モデル」をその一例としてあげている。それらの「多様な家族」以外にも同棲、事実婚家族、ホモセクシュアルの家族、ペット等々、「標準理論」が前提としていた核家族に代表される典型的な家族とは異なる「多様な家族」をも包括しうるように「家族」概念を拡張するというこの戦略は、家族の「多様化」という認識に対してもっとも適合的なものといえるだろう。

チールのこうした整理はあくまで便宜的なものにすぎないが、それを家族というものそれ自体をどのような観点からとりあつかうのかという研究実践において採用される基本的な前提の違いによって、「多様化」した分析視角を類型的に整理した見取り図とみなすならば、それぞれの戦略が他の戦略との布置関係において家族社会学の中に占める理論的、方法論的な位置づけを把握することができるだろう。「特定化」と「拡張」についていえば、概念の外延をどのように設定するかに関する違いはあるにせよ、いずれも「家族」という学術概念を用いた研究を志向している点に変わりはない。それに対して、「放棄」においては、「同じ」対象を把握するに際しても、「家族」以外の学術概念を用いることが提案される。

「特定化」「放棄」「拡張」という戦略の間にはこうした異同はあるものの、家族社会学が対象とする現象を把握しそれを理解するために、より適切な概念規定を施すことが志向されているという点では、いずれも実証主義的なアイデアを徹底化するものともいえる。方法論的な点からいえば、それらにおいては、当の定義の適切性が重要な問題となる。他方で、「置き換え」戦略においては、学術概念を用いた把握に先立って、すでに現実世界で人々によって用いられている日常用語のあり方に概念規定をゆだねることで、学術的な定義の適切性の問題があらかじめ回避されている。そこでは、どのように定義づけるかではなく、どのように人々の定義に接近するかが問題となるのである。

つづいて、この「概念の置き換え」戦略を採用するものとされている社会構築主義的アプローチについてより詳しく検討していく。

4　家族の社会構築主義的アプローチ

家族社会学における社会構築主義的アプローチは、社会問題研究の領域において定式化された構築主義の問題構成を継承した研究潮流のひとつとして理解することができる。社会問題の構築主義的研究は、主として機能や規範といった観点から導きだされる特定の「状態」として社会問題を論じるそれまでの研究の立場から、人々の「クレイム申し立て活動」による社会問題の定義過程の分析へというアイデアの転換を企図したものであった[12](Spector and Kitsuse 1977=1990)。

これと同様に、家族の構築主義的研究においても、特定の「状態」としての家族への着目から、人々による家族の定義過程への着目というやり方で研究対象の移行が提案された。なかでも、ジェイバー・グブリアムとジェイムズ・ホルスタインによる一連の研究は、家族をめぐる言説に焦点をあて、人々が記述や解釈という実践を通じて家族やそれに関わる現実をうみだす過程を詳細に検討することを提案したものであった[13](Gubrium and Holstein 1990=1997)。かれらによれば、日常生活において人々が行っているそうした実践と、それを通して成し遂げられる現実の構築過程をめぐる社会構築主義的なパースペクティブの基本的想定は、以下の四点にまとめることができる(Holstein and Gubrium 2000a：48-49)。

第一に、現実としての生活世界は人々による語りと相互行為を通じて社会的に構築されているということ。第二に、人々が行っている解釈や記述に関わる活動は、それを通じて人々が自分自身と対象と状況に関する理解を組織化するものであるが、同時に、そうした活動それ自体がローカルな環境によって条件づけられており、その意味では、そうした現実構築のワークにおいては、活動とそれがおかれている環境とは再帰的、相互反映的な関係にあり、互いが互いの基礎を提供し合っているということ。第三に、そうした現実の構築過程は、つねに進行中(ongoing)のものであり終わることがない。それゆえに、そうした現実を維持、管理していくためには人々の持続的な参与が必要とされているということ。そして第四に、どのような現実化も現実の特定のあり方を表現したものであり、解釈という活動は、つねに、記述的であると同様に規範的でレトリカルな性質をもつものであるということ。

こうした認識にもとづいて、家族の社会構築主義的な研究は、とりわけ言語に媒介された社会的なやりとりを対象とすることで、つねにうみだされつづけている家族に関わる秩序と、文脈に応じてさまざまなその過程を主要なトピックとしてとりあつかってきた。グブリアムとホルスタインによると、このような家族の社会構築主義的研究のアイデアの源泉には、現象学的なものとエスノメソドロジー的なものがあるという (Gubrium and Holstein 1993 : 654–655)。そのいずれもが、現実世界の人為的な構築性に関心を向けるものであるが、かれらによれば、それらはこうした現象のそれぞれ異なる側面に焦点を合わせているという。すなわち、現象学的な関心は、人々に共有された家族認知の原理や知識体系のあり方という側面に対して向けられているのに対して、エスノメソドロジー的な関心は、人々がそうした原理と現実とを結びつける手続きという側面に向けられているという。かれらの指摘するこうした関心の相違は、チールのいう「概念の置き換え」戦略の認知的な方向性と言説的な方向性との区別に重なり合うものである。[14]

グブリアムらは、ピーター・バーガーとハンスフリート・ケルナー (Berger and Kellner 1964=

1988）の「夫婦と現実の構築」やデイヴィッド・リース（Reiss 1981）による「家族パラダイム」をめぐる諸研究を現象学的な関心にもとづく研究の例とみなし一定の評価を与えた上で、かれら自身の研究については、それをよりエスノメソドロジー的なオリエンテーションをもつものとして定式化している。そこでは、人々がもつ家族に関する知識在庫や意味の体系のあり方を現象学的な観点から明らかにするということ以上に、それらを用いて人々が家族に関わる現実を構築する過程や方法が研究上の重要な焦点となっている。(15)

こうした立場から、かれらは家族の言説に焦点をあてた研究を提案するとともに、主としてフィールドデータにもとづいて、人々による家族言説の用法とその組織化の過程を詳細に検討している（Gubrium and Holstein 1990=1997）。この家族言説への着目こそが彼らの研究を特徴づけるものであるといってよいだろう。

かれらのいう家族言説とは、「家族（family）」という語をはじめとして、たとえば「家（home）」「世帯（household）」「家庭（home）」「私事（privacy）」といったそれと有意に結びついた語、親子や夫婦やきょうだいといった特定の人間関係をあらわす語、そして親族の呼称などといった具体的なことばのセットであると同時に、家族に関わるモデルや理論といったさまざまな観念を含みもつものとされている（ibid.：25–31）。社会構築主義のパースペクティブにとって家族は、人々の働きかけに先立って、あらかじめ存在している客体（実体）であるというよりも、こうした家族に関わる言説によって形作られる構築物であるとみなされる。とりわけ、かれらの分析した家族言説は、家族とは何か、誰が家族なのかといった、何らかの挑戦とともに提示される「クレイム」としての性質を強くもっている。

このような家族言説への着目という戦略の方法論上の意義のひとつは、家族研究の対象をより多様なものとするとともに、家族研究のための経験的フィールドをより広範なものにしたことにある。家族について考えたり、感じたり、理解したりする際に用いられるような、「家庭内の事柄についての人々の知識は、家庭生活を注意深く詳細に吟味した結果得られたものには限られず、むしろ「私たちが家庭生活を解釈するときに使う、私たちにとって利用可能な概念とカテゴリーを通じて形作られる」（ibid.：26）と述べるかれらは、世帯の外部（あるいは当の家族のメンバーのいないところ）も伝統的に家族社会学が対象としてきた世帯の内部と同様に、家族の研究者がデータを収集するとともに分析、検討を行いうるフィールドであるということを主張している。

実際にかれらが分析のために収集した家族言説の多くは、かれら自身がもともと携わってきた、認知症高齢者のケアや情緒不安定児の処遇といった問題に携わる福祉や医療に関わる施設や機関といったフィールドにおけるものである。「もともと別の目的のために収集されたデータを再解釈するという戦略」（ibid.：68）ということばからうかがえるように、かれらは家族に隣接するようなフィールドにおいて、やや大げさにいえば、家族言説の存在とその社会的な意義を発見したのである。

かれらによれば「トラブルが扱われる施設では、家族は極めて話題に上がりやすい」(ibid.：69)。とりわけ、ケアに関わるトラブルや問題においては、家族がその原因あるいは解決策としての概念上の結びつきを強く有していればいるほど、そうした問題を理解し処理するための資源として、家族に関わる言説の利用可能性は高まる。裏を返せばかれらが着目した家族言説は、ある種のトラブルの標識ともいえる。[16] データの入手可能性という点において、いわば偶発的にかれらは世帯の外部であるパブリックな状況における家族言説を主たる分析対象としているが、そうしたアイデアは家族という関係性をその内部からつくりあげる過程に向けることも可能である。[17]

5 社会構築主義と家族の「多様性」

「再考」以降の家族社会学における「多様性」をめぐる問題との関わりにおいて、こうした社会構築主義的研究はどのような意義をもつのであろうか。ブラインドネスへの対応と変動の把握という二つの様式それぞれに関して、構築主義的研究の可能性について検討する。

まず、ブラインドネスへの対応に関して、家族の構築に関わる人々の諸行為や家族をめぐる言説の文脈依存性という観点から考えてみたい。ときと場合に応じて、人々はさまざまなやり方で家族に関わる記述や解釈といった実践をなしうる。文脈に応じて、家族に関わる実践がさまざまに組織され、そこでの解釈にも「多様性」が生じうるのは、それぞれの文脈において人々が利用可能な解釈のための資源が異なるためであると考えられる。個人が「主観的」に規定する自らの家族認知の境界をとっても、その外延ならびに内包はそうした実践がおかれる状況に応じて可変的でありうる。「標準理論」においては家族のしかるべきあり方が与件とされてきたわけであるが、日常生活において個人が認知し、理解し、構築する家族のあり方は、そうした人々の記述や解釈という行為がおかれる文脈に応じてさまざまでありうる。

しばしば引き合いにだされる例であるが、気心の知れた友人とのやりとりの中では「家族」の一員とみなされるペットも、公的な文書においては「家族」の一員からは除外されるかもしれない。人々の行為やかれらの用いる概念のこうした文脈依存性に着目するというアイデアは、真空状態あるいは脱文脈的な状況を仮定してのみ可能であるはずのいわば「大文字化された家族（The Family）」概念を用いた従来の家族研究に対する批判的な挑戦であり、そこで含意されているのは、そのような概念によっては接近することのできない、家族をめぐる「多様な」経験的現実がありうるという認識であろう。

こうした人々の日常的な家族定義や記述実践の「多様性」は、しばしば、伝統的な家族規範の弛緩と個人の選択性の増大にともなう「個人化」の結果として理解されてきたきらいがあるが、エスノメソドロジー的なオリエンテーションをもつ構築主義的研究は、そうした規範からの自由とでもいうべきアイデアを共有するものでは必ずしもない。むしろ、それらは人々による規範運用のあり方に着目し、家族に関わる規範的秩序が、特定の文脈に埋め込まれながらどのようにうみだされているのかという点に照準しているといってよい。

グブリアムらの研究においては、一方で人々の巧み（artful）な実践への注目が鍵となるが（Gubrium and Holstein 1997 とくに Chap.7）、他方でそれはつねに社会的に条件づけられた特定の状況において成し遂げられるものとしてとりあつかわれている。かれらは、「家族言説の社会的配分」「組織への埋め込み」「ローカルな文化」（Gubrium and Holstein 1990=1997, 1993）といったアイデアを用いて、人びとの活動を制約するとともに、それを可能なものとする文脈のあり方について論じているのであるが、かれらの議論の中で家族の「多様性」という主題がクローズアップされるのはこの水準においてであり、たんに家族の解釈や認知の範囲は十人十色であるということではない。「家族言説の社会的配分」とは、家族に関する記述や解釈という人々の実践がおかれる文脈に対して、意味を理解し解釈するための資源が社会的に不均衡に割りあてられているという事態を指すものである。かれらが着目する家族の「多様性」は家族形態や生活様式といった実態水準にあるわけではなく、家族の解釈や、その用法という水準において問題とされているのであるが、そうした実践は「状況に敏感に反応」し「組織に埋め込まれ」たものとして達成される（Gubrium and Holstein

1990=1997：234）。かれらによれば、「あらゆる場面や状況の社会組織は、その内側にある記述という行為を形作る」が、「と同時に、そうした記述という行為によって、あらゆる場面や状況の社会組織が形作られる」とすぐさま指摘されるように、そうした行為と文脈とは相互反映的、循環的な関係にあるものとして理解されている[18]（ibid.：235）。

才津（2000）も指摘するように、「組織に埋め込まれる」ことによって、「多様な」「主観的」な家族の言説は一定のやり方で枠づけられ、むしろ「画一化」することもあるだろう。ただし、文脈と循環的な関係にある人々による記述という行為は、当の文脈を作り替えていく可能性ももつ。人々は「パタン化された家族への記述や解釈を、巧み（artfully）に構築するように、新しいやり方で家族についての利用可能なイメージを結びつける」（苫米地 2002：174）こともできるのである。焦点となるのは、人々の巧みな実践とそれが埋め込まれる社会的に条件づけられた文脈との間の「絶え間ない相互作用（interplay）」（Holstein and Gubrium 2000a：209）であり、家族をめぐる記述や解釈という実践のこうした過程を詳らかにすることが分析の主たる目的となるのである。

加えて、かれらが指摘するのは、そうした文脈間における解釈の衝突とでもいうべき事態である。「多様な」家族の用法や解釈は、社会的空間の中でただたんにそれぞれが個別に存在しているというわけではない。マスメディアのような公共的な言説空間であれ、あるいはより限定的な社会的領域であれ、個々の解釈がそれ以外の解釈に対してレトリカルな「クレイム」としての意味をもつ場合がある。たとえば、同棲などを含めた「新しい」パートナーシップをめぐって、それに家族や夫婦に準ずる位置づけを与えるべきか否かといった論争的な議論においては、二つ以上の家族に関わる解釈や用法といったものが認められるはずである。それに賛成するのであれ、反対するのであれ、それぞれの主張は双方に対する「クレイム」とみなしうるものである。

また、かれらがしばしば好んで用いている精神障害をめぐる措置入院の事例では、患者であるタイロン・ビッグスに「家族」はあるのか、かれの「家族」は誰なのかということが審議のひとつの焦点として紹介されている（Gubrium and Holstein 1990=1997：257–258）。そこでは、治療的な観点から退院をすすめる精神科医は、ビッグスには「ガールフレンド」「二人の間の子ども」「ガールフレンドのおば」という「家族」がいるということを主張し、他方で、保護監督やトラブルの予防といった観点から入院をすすめる裁判所判事は、かれの暮らしの中にはどのような「家族」も認められないと主張している。そこではそれぞれが自らの専門的な「組織に埋め込まれた」解釈を提示しているのであるが、それらの主張は対立したものとなっている[19]。

こうした「家族」の記述や解釈をめぐるやりとりは、それぞれの解釈を導く資源を提供する組織や「ローカルな文化」間に生じる「記述の政治」（Gubrium and Holstein 1997；Holstein and Gubrium 1994）として分析することが可能であり、またそうした分析を通じて、社会的に配分された家族に関する諸言説の付置連関の様相を明らかにすることが試みられるのである。

では、こうした構築主義的な家族研究は現実認識のもうひとつの様式である変動、とりわけ家族の「多様化」という問題に対してはどのようなアプローチの可能性をもつのであろうか。ライフコースの構築を論じた著作の中で、「経験の多様性あるいはその多様化は、おそらくポスト近代社会の決定的な特徴となっている」（Holstein and Gubrium 2000a：209）と述べるかれらは、経験の「脱私事化（deprivatization）」という観点から家族の「多様化」を考察するというアイデアを提案している（Holstein and Gubrium 1995, 2000a；鮎川 1998）。

家族社会学においては、近代以降の家族の変化を論じる中で「私事化（privatization）」に関する研究が蓄積されてきた（森岡 1993a；磯田 1996など）。「私事化」に着目する議論が一般に「公的世界に対する私的世界の相対的比重増加」（磯田 1996：3）を問題にするのに対して、[20] 構築主義的な観点からの「脱私事化」への着目は、それら二つの世界（領域）間の「伝統的な区分を再考する」（Gubrium and Holstein 1997：223）可能性をもつ。「脱私事化」は、家族や自己といったこれまで私的な経験の領域に属するとみなされてきた事柄の多くが、近年ますますその外部領域（公的領域）において達成されるようになりつつあるとともに、そうした私的なものをめぐるさまざまな公的な言説や働きかけに、当の家族や個人が巻き込まれていくといった事態を意味する。

グブリアムらはその一例として、現代社会における多くの自助グループやサポート・グループの存在を指摘しているのであるが、かれらによればこうしたグループを含むある種の専門家や機関は、人々が自らの日常生活において経験する個人的な問題やトラブルを解釈し評定し処理するという役割を担っている。人々はさまざまな出来事や問題を解釈しそれを有意味な経験として理解するために、こうした組織や機関に多かれ少なかれ関わりをもつことになるであるが、ある一つの「問題」をめぐってもそれに対して適切な解釈を提供しうる専門的立場は複数存在し、このことは解釈の「多様性」を含意することになる（Gubrium and Holstein 1997）。

家族という領域に関わる専門家や機関が現代社会においてますます増加してきているとするならば、それは家族を理解し、解釈し、構築する「ローカルな文化」が「多様化」していることを意味する。そうした事態が進行していく中で、人々の家族に関わる経験はますますそれらの「組織に埋め込まれた」ものとして理解されることになるであろうし、また、家族の解釈のための資源を提供する組織が増大していくとするならば、人々の経験が複数の組織との関わりを強めていく可能性が増大する。と同時に、ある対象の理解や解釈をめぐって、それらの諸組織はますます「記述の政治」という状況へと巻き込まれていくことにもなる。構築主義の立場からの現代の家族変動へのアプローチは、こうした解釈の「多様性」の増大に対して、人々の経験を秩序づけるそのロジックの詳細な分析を通じて、家族をめぐる規範変容の進み具合を明らかにするものとして位置づけることができるだろう。

家族の「脱私事化」というかれらの問題関心を支える動機として、グブリアムたちはつぎのように問うている。「家庭生活に関する無数の競合する解釈の世界において、家族はどのように定義され、また経験されているのか」（Holstein and Gubrium 1995 : 896）と。この問いは社会構築主義的な家族研究を動機づける基本的な問いと読み替えることができるものであろう。

6　経験的研究へ向けて

マルコム・スペクターとジョン・キツセ以降の社会問題の構築主義的研究の展開をふまえた上で、中河伸俊（1999 : 40）は、構築主義的な社会問題研究の経験的探究の水準を分析対象のタイムスパンの確定の仕方によって、（1）問題をめぐる〈いま－ここ〉の場面におけるトークの研究、（2）問題をめぐる制度的場面のエスノグラフィー的研究、（3）問題の領域横断的な構築過程の自然史的研究、（4）問題をめぐる「人々の定義と分類の歴史」の研究の四つに整理している。こうした提案は、家族をめぐる構築主義的研究にもそのまま適用することができるだろう。

加えて、私的な領域とみなされてきた家族の「脱私事化」と「多様性」の増大という現代的主題に接近していくにあたって、公私という共時的な軸をこの四つの探究の水準の上に重ね合わせたい。ここでは相互に関連し合う二つの問いを便宜的に設定することで、現代家族をめぐる構築主義的研究のひとつのあり方を示したい。

まず、家族を理解する文化の「多様性」は増大しているのか？　たとえば、「専門家システム」（Giddens 1990=1993）への依存や「リスク」の増大という現代的文脈のもとで（Morgan 1999）、人々が家族を解釈し、理解し、構築する際の資源の「多様化」はどれだけそしてどのように進んでいるのであろうか。この問いは「家族言説の社会的配分」の複雑化の問題と言い換えることができるだろう。家族に関わりをもつ新しい制度や機関の出現は、その理解や解釈のための新しい論理や言説をうみだすかもしれない。それらによって、これまでとは異なるような家族の規範的なあり方が可能になるとするならば、現代の家族変動を規範変容との関わりにおいて把握することが可能となるだろう。

つぎに、そうした公的な言説の複雑化は日常生活における人々の家族をめぐる実践に対してどのようなインパクトをもつのか？　「多様化」複雑化していく公的な言説との関連において、人々の私的な経験や解釈はどれだけ「多様化」しつつあるのか。たとえば、自らの家族生活や人生のあり方に関する選択性が増大し、またそれゆえにリスクが増大しつつあるという現代的状況は、「脱私事化」の構造的条件ともいえるものである。すでに論じたように、自らが抱える問題への処方箋をもつ専門家や機関が増大しつつあるとするならば、人々の経験はそうした組織の「多様な」言説やそれらの間の「記述の政治」にますます巻き込まれていくことにもなる。こうした事態に対して人々はそれをどのように受け入れているのか。そして、日常生活において私的に家族を営む人々が、それを理解し、記述し、解釈する際に用いるロジックは変化しつつあるのだろうか。

人々が相互の働きかけを通じて家族に関わる現実をどのようにうみだしているのかということに照準する構築主義的研究は、経験的現実を秩序づける規範のあり方に大きな関心をもっている。分析視角が「多様化」した現代の家族社会学において、社会構築主義的研究はとりわけその方法論に関連して特異な位置づけを与えられているが、人々による規範運用とそれを通じた家族の規範的秩序のあり方に照準して経験的研究を企てているこのアプローチは、その特異さゆえに、他のアプローチによっては示しえないような一定の含意を家族社会学という研究領域に対して示す可能性をもつだろう。

「脱私事化」をいわば作業仮説として、公的な言説や実践への接近とともに私的な経験への接近を企てる現代家族に対する社会構築主義的研究においては、グブリアムたちが行ったような家族と隣接する領域をフィールドとした研究が参考になるだろう。人々の経験や家族が「脱私事化」しつつあるということは、私的な領域と公的な領域が交差しつつあることを意味する。この二つの領域が出会う地点に戦略的にフィールドを設定することで、変わりつつあるとされる家族の規範的なあり方を探っていくことが可能になるだろう。

果たして家族は「多様化」しつつあるのかという問いとともに。

注

（1）ここでは、「標準理論」が依拠してきた実証主義を、観察対象の客観的で普遍的な実在を前提とするとともに、科学的な知見はそうした対象からは独立し、外部に立つことによって、その「真の」様態を記述し観察しうるものと考える立場であるとみなした上で、それに代わるものとされる「ポスト実証主義」を、そうした観察に先立つ対象の実在性や科学的な知見の特権性を前提とはせず、自らの知見と対象の双方に関して、その文化的、社会的な産出という側面に敏感であろうとする立場として理解しておきたい。家族研究における質的研究法への関心の高まりとの関わりから、こうした研究動向をとりあげている池岡義孝（2003a）の議論も参照されたい。

（2）ここでは詳しく検討する余裕はないのだが、スコット・ハリス（Harris 2008）は家族の「多様性」を考えるにあたって、それを「客観的多様性」と「解釈的多様性」とに区分するとともに、それぞれの「多様性」に着目する研究上のアプローチの違いについて検討し、両者を調停する道を議論している。

（3）近年の格差論や新しい貧困への関心の高まりによって、「家族と貧困」という主題が注目されつつあるが、インターロックされた貧困の再生産という指摘からも理解できるように（青木 2007；松本 2008）、経済的にも「標準」とは異なる多様な家族はかつてから存在してきた。「多様化」という認識によってこうした現実がないがしろにされてはならないだろう。

（4）実態（形態・構造）に着目する「多様化論」においては、多様な対象を価値的に等価なものとしてひとつの「家族」という概念に包摂するために、その概念の適用範囲の拡張を行う必要がある。そうした方法的修正によって、これまで「不当にも」家族とはみなされてこなかった人々を家族として「適切に」把握することが可能になる一方で、特定の生活形態を採用しているがゆえに「不当にも」家族とみなされてしまうという事態も生じかねないだろう。いずれの場合においても、こうした概念的操作の妥当性は理論内在的な観点からのみならず、現実の参照によって経験的に検討されなくてはならない課題である。

(5) 経済的な観点からみた社会変動のプロセスが、それを享受しうるだけの豊かさをもつ層からトップダウン的に進行していくとするならば、そうした変化には「階層」によるタイムラグがみいだせるはずであり、そうした変化の内実にも「多様性」がみいだせるであろう。また、観点はやや異なるが「多様化」とよばれる現象を脱近代的なものとみなすことに対する批判的な見解としては、本文中でも言及した進藤 (1997) や才津 (2000) のほかにも渋谷敦司 (1992) を参照されたい。

(6) むしろ、従来型の家族を希求する傾向は強まってさえいると指摘されている (山田 2007)。

(7) このことは「かつて」の家族変動 (近代化) をめぐって論じられた「核家族化」をめぐる議論を想起させる。一九六〇年代を通じて進展した核家族世帯の比率のさらなる上昇は、「直系家族制から夫婦家族制へ」という家族変動が進みつつあることのひとつの根拠とされた。しかしながら、その後の研究によって明らかにされたように、そうした変化は、必ずしもそれ以前の「直系家族規範」の弛緩や衰退を意味する現象ではなく、むしろそれらを温存しながら進行したものであった (落合 1994)。

(8) 戦後日本の家族の理論研究の動向を整理した田渕 (1999a : 283-290) は、一九八〇年代を家族研究の転換期とみなし、「一九八〇年前後を分水嶺として、理論研究は多様化の時代を迎えている」との認識をふまえて、「ネットワークという発想」「人類学的接近による核家族の相対化」「近代家族論による核家族の相対化」「フェミニズム理論」「福祉の基盤としての家族」「家族発達の多様化」「ポストモダン家族理論へ」という七つの分野ごとにその研究動向を整理している。また、二〇〇一年に刊行された日本家族社会学会による「家族社会学シリーズ」のひとつである『家族社会学の分析視角』(野々山・清水編 2001) では一九の「アプローチ」がそれぞれの章を割いて紹介されており、文字通り多様な分析視角の並立状況が示されている。

（9）たとえば、「自分の家族（my family）」とより一般的な意味での「家族（any family あるいは a family）」との分析的な区分（Levin and Trost 1992）、分析ユニットを実態から活動へと移行させる「家族的実践（family practices）」（Morgan 1996）や「家族生活」（Bernardes 1997）への注目、さらに、客体としての「家族（the family）」を措定せず、人々による「家族」概念の用法に着目するために定冠詞のない「family」の語を用いることを提案するグブリアムとホルスタイン（Gubrium and Holstein 1990=1997）らの諸研究もこうした企ての例といえるだろう。

（10）大和礼子（1999）は、チールのこうしたアイデアを用いて、夫婦関係をめぐる研究動向を整理している。

（11）家族を研究するにあたって、研究者の知見を特権化しないという意味で、チールはこうした戦略を「ポスト実証主義的」な研究とみなしている。

（12）社会構築主義の日本の社会学における展開についていえば、スペクターとキツセによる『社会問題の構築』の翻訳をひとつの契機として九〇年代に活発化した議論は、二〇〇〇年代に入って沈静化した観があるが、それまでの理論的、方法論的な議論の成果をふまえた経験的研究の成果が問われているといえるだろう。この間の主要な文献としては中河伸俊らの諸研究（中河 1999；平・中河編 2000, 2006；中河・北澤・土井編 2001 など）を参照されたい。

（13）家族研究における社会構築主義について論じた主要な邦文文献としては、田渕（1996, 2000）、鮎川潤（1998, 2001）、木戸功（1999）、松木（2001）、矢原隆行（2001）、苫米地伸（2002）、木戸と松木（2003）などがあげられる。近年の英語圏における研究としては、ハリス（Harris 2006）による「夫婦の平等」をめぐる一連の研究や、グブリアムら（Gubrium and Holstein eds. 2006）によるアンソロジーなどをあげることができる。

（14）日本の動向をふりかえってみるならば、一九九五年に開催された第三九〇回家族問題研究会シンポジウムでは「「主観的家族像」をめぐって」がテーマとしてとりあげられるのであるが、家族定義論の批判的検討をふまえた山田（1986）の「主観的家族像」というアイデアの提案や「ファミリィ・アイデンティティ」をめぐる上野千鶴子（1991=1994）のラディカルな議論を中心としながら展開した人々の家族定義に照準した研究は文字通り「主観的家族論」（田渕 1996）という性格を備えたものであった。西岡八郎ら（西岡・才津 1996）や西野理子ら（西野 2000, 2001；藤見・西野 2004）によるその後の計量的な「家族認知」をめぐる諸研究も含めて、それらは主として人々による主観的な家族境界の認知の範囲と、それを規定する要因や原理を探究する現象学的なオリエンテーションをもった研究であったといえよう。

（15）グブリアムらによるこうした現象学的研究への批判については、苫米地（2002）が詳しく論じている。

（16）このことはトラブルや問題化といったある種のネガティブなことがらにのみ妥当するというわけではない。「ふつう」以上にポジティブなことがらをめぐっても、しばしば、家族に関心が向けられるということがある。ある種の偉業を成し遂げた人物に関する報道などにおいては、件の人物のパーソナリティを理解するための資源としてその者の家族生活（歴）がしばしばもちだされるといったことは、わたしたちにとっておなじみのことであろう。

（17）かれらのより近年のアンソロジーにおいては、家族生活をそのメンバーの観点から考察することが試みられている（Gubrium and Holstein eds. 2006）。

（18）エスノメソドロジー研究における「インデックス性」と「相互反映性」がこれに相当する（山崎編 2004；前田・水川・岡田編 2007）。

（19）さらに加えるならば、それぞれの「組織に埋め込まれた」解釈は、措置入院をめぐる審議という状況に埋め込まれたものと理解することもできる。家族の解釈という実践が埋め込まれる文脈は、重層的に編成されていると考えることができるが、方法論的には研究の主題や戦略に応じた取捨選択（限定化）が行われることになる。

(20) 正岡寛司(1988:60-61)は、家族の「私化」を、人々にとっての家族が「帰属・所属する家族から選択・達成する家族へ」と変化したことによる「ライフスタイル化の一面」と位置づけている。「私事化・私化」といったアイデアは、伝統的な家族の規範からの自由度の増大、選択性の高まりによる「多様化」や「個人化」といった現実認識のバリエーションのひとつといえるだろう。

第2章

日本における「標準理論」の受容過程——「核家族論争」再考

1 「核家族論争」と戦後日本の家族社会学研究

「核家族論争」（以下、文脈に応じて「論争」と表記することもある）とは、米国家族研究出自の核家族論の積極的な受容が進みつつあった戦後日本の家族社会学において、その是非をめぐって展開された一連の議論に与えられた名称である。"nuclear family"の訳語が「核家族」に定まり[1]、家族形態の変化が関心を集めた一九六〇年代を通じて展開されたこの「論争」を、日本における家族社会学というディシプリンの形成過程において生じた「記述の政治」(Gubrium and Holstein 1997) と位置づけ再考する[2]。分析を通じて明らかにしたいことのひとつは、「論争」によって何が確認されるにいたったかということであるが、同時に、何が確認されずに終わったのかということを明らかにすることで、その後に成立する「核家族パラダイム」(森岡 1998) とも称される家族社会学のあり方を批判的に検討したい。

ところで、この「論争」の焦点となった核家族論とは、家族の「標準理論」(Cheal 1991) の別称にほかならない。人類学から社会学へと受け継がれた核家族を分析単位とする家族理論の日本的展開の意義が問われることになったこの「論争」の分析は、二〇世紀に確立しその後の「ビッグバン」

へといたる「標準理論」の日本での受容過程の一端を明らかにすることにもなるだろう。(3)

2　対象と方法

一九六三年、『ケース研究』誌上において、山室周平（1963）は「核家族論と日本の家族」（1）および（2）を発表し、当時の日本の家族社会学において積極的に支持されつつあった核家族論に対する批判的議論を展開する。この論文に対して翌年、森岡清美（1964a）は同誌に「核家族論の有用性――山室周平氏の核家族論と日本の家族を読む」を発表し、そうした批判に対して反論するとともに、核家族論の支持という見解を示す。さらに森岡の反論をふまえて、山室（1964）の再批判論文「核家族論批判の立場――現代家族社会学の前進のために」が、舞台を『社会学評論』に移して発表される。山室と森岡による一連の議論の応酬に対して、「核家族論争」の名称を与えたのは松原治郎（1965）であった。

一九五〇年代の中葉から、構造と機能をキーワードとした米国社会学における新しい家族理論は、日本の家族研究者の間にも徐々に紹介され受け入れられていく。一九五〇年代を通じて米国家族研究の成果を積極的に導入していった執行嵐（1955a, 1955b, 1955c, 1956a）は、一九五六年に刊行される『現代家族講座1　新しい家族』に「家族の人間関係」（執行 1956b）を発表する。そこでは、ジョージ・マードックによって提案された「核的家族（nuclear family）」を「家族の要素形態」と定位した上で、その人間関係をタルコット・パーソンズらにならって「社会システム」とみなすことが提案される。その上で、家族の役割構造とその通時的な周期が議論される。

また、すでに家族周期論のアイデアを温めつつあった森岡（1953）は、同じく一九五六年の『現代家族講座3　結婚の幸福』の「嫁と姑の生態」（森岡 1956）において、米国農村の家族周期研究の成果を日本の「伝統的な家族（家）」に適用するに際して、マードックの家族類型論に学び、日本の家のような拡大家族を「二つ以上の核的家族（nuclear family）の全体からなるとする見方を導入」（ibid.：42）することを提案している。さらに、翌年に刊行された『講座社会学第四巻　家族・村落・都市』に発表された「家族の構造と機能」（森岡 1957）では、家族を「婚姻関係を根拠とする、第一次的な扶養協同の集団」（ibid.：17）と規定した上で、その構成と内部構造および機能に関して、明治期以降の日本の家族のあり方が論じられる。

そこでは、「家族の分類」を論じるにあたって、社会的に承認された性関係としての夫婦関係とその帰結としての親子関係の発生という論理にもとづき、「家族構成において夫婦関係を中心に据えることは、一組の夫婦とその間の子女を一団としてあつかい、この一団を家族構成の単位として把握することに外ならない」とした上で、この「家族構成の単位」をマードックのいう「核心家族（nuclear family）」と同義とするとともに、それを「単位家族」とよんでいる（ibid.：25–26）。

一方で山室は、マードックの『社会構造』をはじめとした核家族論に対してはすでに一九五〇年代の初めからそれをとりあげるとともに（山室 1951）、「論争」以前にも、核家族論批判を展開した論考をいくつか発表している（4）（山室 1957, 1958）。しかしながら、そうした批判が反批判という反応をよび、論争という形式を備えた議論へと展開することはなかった。核家族論の是非をめぐる批判と反批判という相反する議論のそれぞれが、それぞれ直接的に相手を志向し合うことによって論争という文脈が形成されることになる。このように考えるならば、「核家族論争」という文脈形成の起点として、山室による一九六三年論文を位置づけることができる。

この「論争」は、一九六三年から一九六四年にかけての山室と森岡による、〈批判（山室）→反批判（森岡）→再批判（山室）〉としてまずは展開する。この「論争」の基本的な論点はこの山室と森岡の間でとりかわされた議論においておおむね示されている。ただし、その後の他の論者が加わった議論をへてそうした論点はより明確化されていくことになる。

翌年になると、先述したように松原（1965）がこの両者のやりとりを「核家族論争」とよぶとともに、とくに「家族周期論」との関わりにおいて核家族論の有効性を主張し、核家族論支持の立場から山室の核家族論批判に対して応答する。また、同年には老川寛（1965a, 1965b）が山室論文を題材として、その「「核家族論」批判」という立場を批判的に検討する二本の論文を発表している。

この老川論文（とくに1965a）に対しては、翌年、山室（1966b）はそこで示された疑問に対する応答論文を発表する。

順序が前後するが、この年、山室と森岡の「論争」とさらに老川による「コメント」をふまえて、執行（1966）が核家族論支持の見解を示す。そして一九六八年、当初の舞台となった『ケース研究』誌上に山室（1968）は、「核家族は理想の家族か——核家族論と戸田理論をめぐって」を発表し、(5) 事実上の終結宣言ととることのできる見解を示すことで「核家族論争」は幕を閉じることになる。(6)

以上をふまえて、「核家族論争」に対して「開始」「展開」「終結」という三つの次期区分を与える。それぞれの段階でこの「論争」を構成した諸論文、すなわちここでの分析対象を整理すると以下のように示すことができる。

第一段階　論争の開始　一九六三年～一九六四年

山室周平（1963）「核家族論と日本の家族」（1）（2）

森岡清美（1964a）「核家族論の有用性——山室周平氏の核家族論と日本の家族を読む」

山室周平（1964）「核家族論批判の立場——現代家族社会学の前進のために」

第二段階　論争の展開　一九六五年～一九六六年

松原治郎（1965）「家族社会学の現状」

老川　寛（1965a）「「核家族論」批判の検討――山室論文にたいする疑問」
老川　寛（1965b）「「核家族論」批判の基本的問題――山室論文における核家族をめぐる理論状況への疑問」
執行　嵐（1966）「小家族理論としての核家族概念」
山室周平（1966b）「核家族論批判にたいする「疑問」に答えて――老川寛「「核家族論」批判の検討――山室論文にたいする疑問」を読みて」
第三段階　論争の終結　一九六八年
山室周平（1968）「核家族は理想の家族か――核家族論と戸田理論をめぐって」

「核家族論争」は文字通り論争としての形式をもった一連の議論のやりとりである。そこには、〈問い‐応答〉あるいは〈主張‐評価〉とよべるような基本的な議論の連鎖（シークエンス）をみてとることができる。応答によって問いが結びつけられ、連鎖を構成することで、当初の問いは〈争点〉として確定され〈問題化〉される。また、問いに対する応答はときに新たな主張となり、それに対する評価が新たな問いをうみだすことにもなる。〈問い‐応答〉、〈主張‐評価〉といった議論の連鎖形式は、それを論争として成り立たせるための論理文法とみなしうるものであろう。そして、そうであるがゆえに、これらの諸論文において、応答が不在なままの問いや評価が不在なままの主張は有標化されることにもなる。

後述するように、この「論争」における基本的な〈争点〉は、基礎理論としての核家族論の受容の是非にある。以下で試みるのは、こうした連鎖のあり方に着目することで〈争点〉の推移をたどることであるが、問いと応答によって〈問題化〉されるこの〈争点〉をめぐって、議論がどのように展開していったのかを確認していく。その際に、とくに山室が提起した核家族論批判という主張の論点が、「論争」の経過とともにどのように処理されていくのかということに着目することで、この「論争」において、何が問題として確認され、また確認されずに終わったのかを明らかにする。ここでは、議論の形式に着目することで、その内容に迫るという方法をとる。

分析を通じて例証していくことになるが、この「論争」が埋め込まれ、またそこでの議論に論争としての文脈形成の基盤を与える背景となっているのは、ディシプリンの形成過程にあった戦後日本の家族社会学という言説空間である。さらに、論者たちはみな個々の専門性の相違はあるにせよ、家族社会学者として議論に参加しているといってよい。一方の論者は他方の論者を説得するとともに自らの見解の妥当性を主張しているといえるが、加えて、そうした主張は、この「論争」には直接的には参加していない（それゆえに参加する可能性がある）論者、すなわち潜在的なオーディエンスにまで向けられている。〈争点〉の推移という点からこの「論争」を再考していくことで、「核家族論」とよばれた家族の「標準理論」の日本における受容過程の一端を明らかにしていく。

3　「核家族論争」再考

3－1　「論争」の開始：第一段階

「論争」の第一段階は山室と森岡の二者間において議論が展開された。一九六三年の論文における山室の批判は、日本における核家族論の主流化という当時の家族社会学の傾向に対して向けられている。ここでは、まず山室の核家族論に対する批判の大枠をおさえた上で、それに対する森岡（1964a）の反批判、ついでその森岡の議論に対する山室（1964）の再批判によって構成される議論の過程を検討する。

山室周平（1963）「核家族論と日本の家族」（1）および（2）

核家族論は戦後のアメリカに生まれ、推進された比較的新しい家族の基礎理論であるが、現にアメリカにおいてオルソドックスであるのみならず、日本においてもこの理論の支持者が多い現状にある。しかし、アメリカにおいてさえ批判がないわけではないし、わが国においても若干の疑義を提起している人々がないではないが、必ずしも組織的な批判が行われるにはいたっていない。(7)(p.23)

以上の書き出しによって始まる「核家族論と日本の家族（1）」において山室は、この論文のねらいを「できるかぎり日本の家族に即して、核家族論をどう受けとめるべきかの問題に絞って考えてみる」(p.23) とした上で、焦点となる核家族論に対してつぎのように一般的な規定を与えている。「核家族論一般を「核家族、即ち夫婦とその子からなる家族をもって、それ自体として、あるいは複合家族を構成する不可欠な、最小限の単位として、歴史と地域をこえて普遍的に存在する家族形態であることを主張する学説」と規定してよいと考える」(p.24)。この規定にもとづいて、山室の核家族論に対する批判は展開されていくことになる。

山室はまず、核家族論の代表的な論者として、マードック (Murdock 1949=1986)、パーソンズ (Parsons and Bales 1956=2001) その他の論者たちの議論に加えて、その批判者として、マリオン・レヴィ (Levy 1955) の伝統的家族、レイモンド・スミス (Smith 1956) の英国領ギアナにみられる母子ユニット、さらにそれをふまえたリチャード・アダムス (Adams 1960) の母子ダイアドをめぐる研究について検討している。さらに、同年に発表された続編「核家族論と日本の家族（2）」ににおいては、核家族論に対する日本における批判者として有賀喜左衛門（有賀 1960）、中野卓（松島・中野 1958）らの見解を検討した上で、自らもその批判者として問題提起がなされる。

そこで山室が提起した問いは多岐にわたるが、「日本の家族と核家族論」をめぐる所見として、たとえばマードックやパーソンズらが核家族の普遍性を論じるにあたって依拠しているインセスト・タブーをめぐって、日本においてはめずらしくないとされるいとこ同士の近親婚をどうとりあつかうかという問題、核家族として自立が困難なケースをめぐる問題、またすでに小山隆[8]によって示されていた世帯分類カテゴリーである「核家族的世帯」に含むものとされていた単独、父子、母子世帯および子のない夫婦世帯の存在とその動態の問題について論じている。そして、これまで進行してきた「近代化」に対して現在進行しつつある「現代化」という独特の歴史区分を用いて、前者にともなう核家族化ではなくむしろその先に生じつつある「現代化」の問題をとりあげるべきであることが主張されている。

また、それに関連して、理念型としての核家族の「現代化」による制約を論じ、その限界を指摘するとともに、そうした議論をふまえて、核家族論に代わりうる家族の一般理論、すなわち「現代家族社会学」の構築の必要性を主張している。ただし、山室はそれを残された「今後の課題」とし、新たな理論構築に関する具体的なアイデアは示されるにいたっていない。

この論文において山室は、核家族論をめぐる諸議論とそうした観点からの現状の把握をふまえて、その問題点の指摘という概括的な問いを提起すると同時に、核家族論とは異なる家族の一般理論の必要性という主張を行っているとみなすことができるだろう。

森岡清美（1964a）「核家族論の有用性――山室周平氏の核家族論と日本の家族を読む」

山室による核家族論批判という問題提起に対して、明示的に反論を行った論者が森岡である。[9] この論文において森岡は核家族論の受容に関する肯定的な見解を提示することで山室の批判に応えている。そこでの目的を森岡は「核家族論がいかように有用であるかを論じ、そして、現代家族社会学の基礎理論をなおそこに期待しうるのではないか、ということを述べて、大方のご批判に委ねることにある」（p.22）と述べているのであるが、これは、「核家族論をどう受けとめるべきかの問題」という山室の問いに応じたものといえよう。この両者のやりとりから、「現代家族社会学」における「基礎理論」あるいは「一般理論」としての「核家族論」というアイデアの是非がそこでの主たる〈争点〉となっていることが確認される。

この論文においてまず注目したいのは、森岡による核家族論の再規定である。

核家族論を日本の家族研究のための理念型として把える。したがって、核家族がマードックのいうように普遍的に存在するかどうか、ということは、外国でも問題にされたし、また山室氏

もまずこの点を問われたが、私にとってはあまり大した問題ではない。(pp.22–23)

このように森岡は「理念型としての核家族」という認識を示すことで、核家族の普遍性という理解には与しないことを述べる。こうした返答によって山室論文が批判の対象とした「核家族論」の定式化が無効とされると同時に、この再規定によって、山室のいう「核家族論」に内在する「普遍性」というアイデアに対して山室自身が示した批判的問いに森岡は応答しているといえよう。[10] さらに、この再規定によって、山室が行った欧米における核家族論をめぐる議論から離れて、その日本の現状への適用可能性に〈争点〉が限定されることになる。

つづいて森岡は「核家族論の有用性」という主張を「家族結合の性質」と「核家族論の適用」という二つの点から展開する。

家族は、周知の如く、社会的に承認された性関係としての夫婦関係を根拠として成立する。(中略)夫婦関係とは社会的に承認された性関係であるばかりでなく、その間に子の生まれることが社会的に許容あるいは期待されている関係であるから、夫婦関係には潜在的にか顕在的にか子が伴われている、といえる。そこで、核家族論を立論の基礎に据えることができる(p.23)

「家族結合の性質」をめぐる森岡のこうした論理は、「家族の構造と機能」（森岡 1957）においても示されていたものであるが、この論理によって父子・母子ダイアドに対する夫婦ダイアドの優先とともに、性愛が含意される後者の帰結としての前者が形成されるとみなすことで、家族研究の分析単位としての「核家族」というアイデアの妥当性が示される。

ここで注意しておきたいことは、「核家族論の有用性」を論じるにあたって「核家族に一定の機能を結びつけない」（p.24）という森岡の提案である。「山室氏の批判も、一つにはそういう点にあったように思われる」（pp.23–24）と述べる森岡は、「核家族論の有用性」という主張が「家族的単位が構造的単位であることを意味するだけで、機能的単位であることを含蓄しない」（p.24）ことを論じているのである。「核家族論」あるいは「標準理論」は、分析単位としての家族をしかるべき構成、構造を有した機能集団としてとらえるところに特徴をもち、またそれゆえに、それに対する批判もその両面から展開されてきた[11]。森岡の提案は「核家族論」をめぐる議論において機能という側面を除くことで、「普遍性」に対するもうひとつの批判を回避するものと読むこともできる。

一方の「核家族論の適用」に関しては、日本の伝統的な家族である直系家族を核家族という「家族的単位の世代的複合」とみなすことで、新たな二つの視角が提起されるとして、つぎのように問う。

（一）従来、直系家族が全体として一団と考えられていたが、果して家族的単位ごとに分界をたてうる事実が存するのであろうか、ということと、（二）事実として存在するしないに拘らず、分界をたてうるものであるなら、分界の可能性は直系家族の家族的統一を阻害するものといわねばならないが、もしそうなら、分界の可能性を顕在化せしめないようなメカニズムが、何らかの形で存するに違いない、果してそうであろうか、という二つの問題視角である。（p.24）

いずれの問いにも「イエスと答えてよい」とする森岡はつづいて、山室が提起した「現代化」という文脈における単身、父子、母子世帯の動向をめぐる問いに対して、明確な返答を行う。森岡は山室が核家族論を去り「母子ダイアッド論にまで下降する」との評価を示すとともに、それに対して自らは異なる見解を有し、「核家族論的発想のもとに」それらの世帯における役割代行の動向を精査することを主張している（p.25）。

またそれに関連して、山室も言及していた小山隆の見解にふれて、「現代家族の変貌過程を分析する場合に、核的分裂が最も問題である、とされるが、私も同感」であると述べるとともに、さらにそれを核家族論に対する賛意とみなし、最終的に森岡は核家族論こそがもっとも有用な基礎理論であることを主張し、その使用を促しているといえる（p.26）。

この論文において森岡は、「核家族論の有用性」を主張として提示し、またいくつかの点については山室の問いに返答するものの、いわば〈問題化〉の取捨選択をすることによって他の問いを無効化しているとみてとれる。さらに、具体的な言明としては明示されてはいないが、ここでの議論を通じて森岡は、山室が主張した核家族論に代わりうる家族の一般理論の必要性に対して、そうしたアイデアを肯定的には評価せず、逆に核家族論よりも有用な代替理論の提案を問いとして提示しているとみなすことができよう。

山室周平（1964）「核家族論批判の立場――現代家族社会学の前進のために」

その副題からも推測できるように、この論文では、現代の家族社会学における核家族論の位置づけが中心的なテーマとして論じられている。このことは、先の森岡論文においてその目的とされた「現代家族社会学の基礎理論をなおそこ（核家族論：引用者注）に期待しうるのではないか」（森岡 1964：22）という主張を、山室が引用しつつそれに応答していることからもうかがえる（p. 2）。ここにおいてこの「論争」が、まさに核家族論を現代家族社会学の基礎理論とすることの是非、という〈争点〉のもとに展開していることが確認できる。

一九六四年のこの山室論文によって「核家族論争」は論争としての体裁を整えられたといえよう。

山室は、森岡の反論をふまえた上で、自らが先の論文において提起した問いを以下の四つの論点として再定式化し〈問題化〉している。

（1）Murdock 以来、Parsons、Bell と Vogel あるいは Goode のそれ等核家族論の内容は必ずしも一様でない。したがって、核家族論を支持するという場合、いずれを支持するのかを明示すべきである。

（2）他方、核家族論にたいしては、Levy、Adams その他の人々による批判があるが、それにも拘らず核家族論を支持すべきであるのなら、どのような意味で、またどの限りで支持するのかを明示すべきである。

（3）日本においても、日本の家族に即した批判がなかったではないが、構成のみならず機能をも含む組織的な批判は行われなかった。そうして、そのような批判の結果からも、核家族論の限界は明かであると考える。

（4）さらに以上の総括として、（i）核家族の普遍的存在という主張は事実上認め難い。（ii）そのような点から核家族を事実そのものから帰納された概念としてではなしに、単に Idealtypus とする見解が有力化しつつあるが、その場合も、往往望ましい価値としての理想型と本来の意味での Idealtypus との間に混同がみられる。（iii）核家族を本来の意味での

> Idealtypusとする核家族論は、近代化にともない、複合家族の内部において核家族のユニットが顕在化し、やがて「核分裂」する趨勢を巧みにとらええた点において有効であった。しかし、その後における「家族解体」や、就労事情、社会保障の推進等の諸変化にともない、単独、夫婦、父子、母子等のユニットがそれとして、定着化する可能性増大の兆もないではない。とすれば核家族を、「安定的」な、最小限、かつ不可分のユニットとするIdealtypusによる現状把握には、自ら限界がある。現代家族社会学は、むしろ積極的にそれらのユニットをとりあげ、それらの離合集散の追及、究明を重要課題とすべきである（p.4）

このうち（1）から（3）は米国出自の核家族論それ自体をめぐる理論的な〈争点〉として、また（4）はそうした理論的な問いをふまえた上で、その経験的適用という観点から示された核家族論批判の立場といえよう。ここまでの議論をこのように整理した上で、山室は森岡論文に対する応答を、とりわけ、森岡の主張した「核家族論の有用性」をめぐって、その二つの側面――「家族結合の性質」と「核家族論の適用」――それぞれについて、森岡論文からの該当箇所の引用も交えながら展開していくのである。

まず「家族結合の性質」については、「なぜ夫婦関係と核家族、就中夫婦関係を議論の出発点としてよいのかについての理由を説明されていない」（p.5）と述べ、夫婦関係を議論の出発点とすることの根拠が不明確であるとしている。山室は、自らの先の論文においてもとりあげた有賀（1960）の見解について言及し、「夫婦関係の成立にあたって、また、その後においても親の意志が当事者のそれに優先する社会の存在することもまた周知の事実である」（p.6）と述べ、さらにこの点に関連して、森岡のいう「理念型としての核家族」というアイデアに対する疑問を提示している。すでに確認したように森岡は核家族の普遍的存在という論点を放棄し、核家族概念を日本の家族研究のための価値自由的な理念型と捉えるという見解を示すことで山室の問いに応えたのであるが、山室はさらに、「どの時期の、どの地域に対する「有用性」であるかが依然として問題として残る」（p.7）として、その理念型が有用性をもちうる時代や文化、社会を特定すべきであると主張するのである。

つづいて山室は、森岡の「有用性」のもう一つの側面である「核家族論の適用」についても自らの見解を示し応答している。この点について山室は自らが〈問題化〉した論点の（4－ⅲ）との関連でつぎのように述べている。

小論も、日本の家族の主としての機能の点から、しばしばユニットとしての核家族を認め難いことを具体的に論じつつも、他方、理念型としての核家族論が「市民社会の論理の必然的帰結としての有効性」をもちうること、換言すれば、近代化にともない複合家族の内部において、核家族のユニットが漸次潜在－顕在化し、やがて、そのようなユニットによる「核分裂」の行われる傾向があるのを巧みに把ええたかぎりでの意義を評価しているが、（中略）小論との関連においていうならば、問題はむしろ、「市民社会のその後の変化にともない、その有効性もまた制限されざるをえないであろう」とのべた点にあらねばならなかったのであり、問題は、農村の直系家族よりもむしろ都市における核家族そのものにあったのである。（p.7）

山室は、自らも近代化にともなう複合家族の「核分裂」を捉えるにあたってのその有用性は認めているとしながらも、より重要なのは、その後の核家族の「核分裂」であるとの見解を示し、核家族論の「有用性の限界」を指摘しているといえよう。また、これに関連して山室は森岡が引用し賛辞をあらわしている小山の見解についても、「小山氏の場合の「核家族的世帯」のなかには単独、夫婦、父子、母子の各世帯が含まれていることを看過すべきではない」（p.7）と述べ、くりかえし注意を促すとともに、森岡論文においても比率が高まりつつあるとされる母子世帯・父子世帯をどうあつかうかということが問題にされていたわけであるが、この問題に対しては「核家族論の有用性」との関連について議論が不十分であると指摘している（p.8）。

このようにみてみると、山室は、森岡が提起した意味での「核家族論の有用性」ということをもある程度ふまえた上で、かれのいう「現代家族社会学」を、それが課題とすべき対象をその限界の外にあるものをも含めて構想していたと読みとることもできる。そして、森岡によって明確な形で指摘された、山室の「母子ダイアッド論の主張」という問いに対しては、それを「誤解である」と返答し、核家族をユニットとする核家族論の立場に対し、自らは「当面世帯をユニットとする」と述べている（p.9）。後述するように、この点はこの両者の見解の相違を明確にあらわしているといえよう。また、核家族論に代わるべき何らかの枠組み（代替基礎理論）の提案に関しては、山室はそれに対して明確な返答を提示するにはいたってはおらず、ひとつの「試案」としての世帯構成の分類表を提示するにとどまるのである[12]。

以上の考察から、ここまでの経過（第一段階）において、この「核家族論争」のそもそもの問題提起となった、山室の問いのうちで、具体的な応答を与えられることがなく（つまり〈問題化〉されず）、それゆえに解決をみなかった論点の存在が明らかになる。山室が自ら〈問題化〉し直した四つの論点に照らしていえば、（1）（2）（3）がそれである。加えて（4－iii）についても、森岡の応答は山室にとって十分なものとはみなされていない。他方で、この山室の再批判を通じて、「核家族論の有用性」とその二つの側面である「家族結合の性質」「核家族論の適用」という森岡の主張が〈争点〉となったことが確認される。

3-2 「論争」の展開：第二段階

「核家族論争」の第一段階においては、山室の核家族論批判の立場とそれに対する森岡の有用性という立場が示され、この「論争」の基本的な論点が提示された。つづく第二段階は、それらに対する、他の家族社会学者による評価の過程であるともいえる。ここでは、この二者のやりとりを当時の家族社会学の新しい動向との関わりにおいて位置づけた松原（1965）の議論、老川（1965a；1965b）による山室批判とそれに対する山室（1966b）の応答、さらに執行（1966）の議論を検討することで「論争」の展開と〈争点〉のゆくえを追っていく。

松原治郎（1965）「家族社会学の現状」

一九六四年に刊行された『現代の家族』においても、核家族論の立場に依拠した議論を展開していた松原は、この一九六五年の論文「家族社会学の現状」において、山室と森岡の議論の経過をふまえた上で、それを「核家族論争」とよぶとともに、それぞれの主張を整理した上で、それらに対する自らの評価を示している。そこでは議論を進めるにあたってまず、山室（1963：22）のつぎのような見解が引用されている。

家族の現代化を、それを可能とする諸条件との関連において解明し、現代化の過程において生ずる諸問題の解決に資するごとき、新しい家族の一般理論としての現代家族社会学の樹立は、ほとんどあげて今後の課題として残されているといってよい（p. 175）

ここに松原の議論が、家族社会学の「基礎理論」あるいは「一般理論」としての「核家族論」の是非というこれまでの「論争」の基本的な〈争点〉を共有しつつ展開されていることを確認することができるだろう。そして、こうした課題への最新のとりくみ（「新しい胎動」）として「核家族論争」「家族周期論」「生活構造論」「「家族の動態」研究」が紹介されている。それらのうちのひとつとして「核家族論争」が検討されているのであるが、それはとくに松原が新しい「現実へのアプローチの理論」（p.184）のひとつとみなしている「家族周期論」を展開していく上での基礎としての位置づけがなされている。[13]

この論文において松原はまず、山室の「核家族論と日本の家族（1）（2）」および「核家族論批判の立場」に言及し、山室の核家族論批判をかれが定位した四つの論点に即して「山室がいいたかった」ことを要約的に整理している（pp.176–180）。松原は、山室の問いと主張をおさえた上で、それに対する森岡の応答に言及し、それをふまえて両者の見解に対する評価を行っている。

松原は、「「核家族論に代わるべき新しい意味での家族の一般理論 - 現代家族社会学」を志向している山室と、現代家族とくに日本のそれを現実に即して解明するためのアプローチを整備しようとする森岡（後述する「家族周期論」になるとその点がもっとはっきりしてくる）とのあいだには、はじめから食い違いがあるといってよい」（p.181）と述べ、両者の議論には志向性のズレがあることを指摘している。すなわち、山室の議論はいわば理論内在的な「本質論」（p.182）であり、森岡の議論は方法論的な「有用性」の主張という指摘である。松原は森岡による「家族結合の性質」の論理、理念型としての核家族および機能をめぐる議論の放棄という見解をふまえて、「問題は、森岡が山室の反核家族論をいかに論駁するかにあるのではなくて、森岡自身が核家族を理念型として、それをいかに有効に使って現実の家族を解明しようとしたかにある」（pp.181-182）と述べ、議論の〈争点〉を核家族論の「有用性」にみるのである。

さらに、「核家族論の適用」をめぐって、「直系家族に核家族の分解が存在する」とみなす森岡の見解と、それをふまえた現代家族のさらなる「分裂」による「家族問題」の発生という山室の「反駁」については、「森岡においては〈はじめに核家族ありき〉で、それを前提にして日本的直系家族に迫ろうというのである。本来核家族があって、近代化が進めば複合家族の内部からその核家族のユニットがしだいに顕在化してきて、やがてユニットによる核分裂が生じてくるという立論に立っている、というよりは立ってしまおうと割り切っている」と述べるにとどまり、森岡のそうした立論の根拠を問うといったことは行われていない（p.182）。

松原は、こうした森岡の見解に対する山室の批判をもっとももなものとはみなすものの、「議論をそこまで発展させてしまうと、ますます焦点がぼけてしまう」と述べる（p.182）。現実の家族変動すなわち近代化を核家族形態への「純化」（p.182）としてとらえる松原は、山室の「本質論」的な志向よりもむしろ森岡の実用的な志向を評価し、家族社会学の基礎理論としての核家族論という考えを支持しているのである。

山室と森岡の双方の主張をふまえて、自らの見解を松原は示したことになるが、山室（1964）が〈問題化〉し直した問いは明確な応答を与えられるにはいたらなかったといえる。とりわけ「家族周期論」への接続という実用的側面を強調する松原は、とくに機能論との関わりにおいて展開される山室の批判を「本質論」とみなすことで退けている。それゆえに、松原は山室が再批判という形で〈問題化〉している森岡の「有用性」をめぐる見解について、そうした山室の疑問に十分に答えることなくそれを支持するとともに、山室の四つの論点のうちの（1）（2）（3）（4－iii）に対しては、言及はされるものの、先の森岡論文と同様に十分な応答を行ってはいないといえよう。

老川寛（1965a）「『核家族論』批判の検討――山室論文にたいする疑問」
（1965b）「『核家族論』批判の基本的問題――山室論文における核家族をめぐる理論状況への疑問」

この二つの論文において老川は、それぞれの副題からも明らかなように、山室による核家族論批判に対して疑義を示している。これらの老川論文に対しては、さらなる反批判という形での山室の論文が翌年提出されることになるわけであるが、そこにおける山室の返答が、山室自身がそう断っているように、主として老川の「『核家族論』批判の検討」（以下「検討」と表記する）（1965a）を中心に行われているということをふまえて、ここでもそれを中心に考察する。(14)

「検討」において、すでに問題化されている山室の四つの論点を概観した上で、主として老川はそのうちの（1）および（2）に応答し、山室の見解に対する疑義を提起している。これらは森岡や松原においては明示的にとりあげられることのなかった論点のうちの二つであるが、老川は「支持論および批判論に関する山室の所論は、「そこで提起されている諸問題」が後に「日本の家族の現実に即して再検討」される内容のものであるだけに、いわば彼の論文の核心をなすものとみてよいであろう」（pp.78-79）と述べ、それらをとりあげている。

具体的にここで老川は、第一に、山室自身が言及している欧米の論者の所説を検討し、「素朴な疑問を提起すること」でそれらに対する山室の見解の妥当性を問うとともに、第二に山室が「重視する現状中心の批判が決して少なくはないこと」を米国家族社会学の展開に即して「管見」することを目的としている（p.79）。

老川のこうした作業は、山室のテキストクリティークの不十分さに対する批判とみなすことができよう。「核家族論争」のこれまでの論者、すなわち、山室、森岡、松原らがあくまで核家族論を現代家族社会学の「基礎理論」とすることの是非をめぐって議論を展開してきたのに対して、老川の場合は、その前段として、いわば欧米におけるオリジナルの「核家族論」の適切な理解をめぐる理論的、学説的な議論が行われている。とりわけ山室が欧米における核家族論批判の例として言及したレヴィの伝統的中国家族をめぐる研究、および核家族を構成するにいたらない母子ユニットをとりあげたスミスやそれを支持したアダムスの母子ダイアド論をめぐって、老川は山室の理解に偏りがあることを主張している。

たとえば、スミスの研究をめぐっては、英国領ギアナにみられる母子ユニットもその経済的な条件(貧困)をふまえた生活周期という観点からすれば、それを核家族論批判と受けとることは必ずしも適切ではないことを(pp.80-81)、また、アダムスの研究に関しても、それが核家族に代わる基本的なユニットとしての母子ダイアドという主張が行われているわけではなく、山室の議論には偏りがあることが指摘される[15](pp.81-83)。

「検討」においてもまた「基本的問題」においても、老川は核家族論支持の立場を明らかにしているわけではない。また「論争」において核家族論の支持を主張している森岡や松原らの、たとえば「有用性」という主張や「家族周期論」との接続といった見解への言及もみられない。「検討」における森岡論文への言及は、山室は核家族論に代わり母子ダイアド論を主張しているという森岡の指摘に関してのみであり、そうした森岡の見解を老川は「当然のことであったと思う」とし、それを誤解であるとした山室に対する疑義を提示している（pp.81-82）。

こうした議論をふまえた上で、老川は核家族をめぐる「その争点と論者」について、「核家族の出現とその要因としての都市化、産業化の因果関係の問題」「都市・産業社会における核家族の存在形態と特徴、なかんずくその原子論的、孤立的存在性への経験的反証」と修正拡大家族（「現代拡大家族」）をめぐる問題、そしてそれらに関連して「老人の孤独化の問題」をあげている（pp.83-84）。

山室周平（1966b）「核家族論批判にたいする「疑問」に答えて――老川寛「「核家族論」批判の検討――山室論文にたいする疑問――」を読みて」

この論文において山室は先の老川論文による自らへの批判に対して返答する。山室は自らの先の二つの核家族論批判に関する論文について、そこでの議論の意図および問題意識が日本の家族の現状に即した家族社会学のあり方を論じることにあったことを述べ、そうした問題意識との関わりにおいて、森岡論文を肯定的に評価するとともに、さらに「有賀・喜多野論争」における喜多野清一（1965）の見解に対しても異論がないわけではないとしながらも同様に肯定的な評価を行っている(16)（p.121）。森岡や喜多野という自らの核家族論批判の立場とは対立するこれらの論者への山室の肯定的な評価は、かれらの議論が、自らの批判と同様に現状に即した家族研究の「基礎理論」の構築に関わるものであるとみなされたゆえのものといえよう。

山室による老川への応答は、主としてこうした観点から行われる。山室は、不十分であるとされた自らの欧米論者への言及（山室の論点の（1）および（2））について、老川による批判点の一つに対して返答を行っているのであるが、議論はなかなか噛み合わない。山室は、老川による批判を「基本的な点で最初から焦点がズレて」（p.122）いるとし、自らの論点（1）および（2）の意図を、欧米の議論における問題意識やアプローチの仕方を学ぶことにあったと述べる。こうした指摘は、かれの核家族論批判が日本の家族の現実を適切に分析するための「基礎理論」の構築というこの「論争」の基本的な〈争点〉との関わりにおいて展開されていることを示すものであるといえよう（p.123）。また、老川が森岡論文との関連で指摘した母子ダイアド論に関する指摘（核家族に代替するユニットとしての母子ダイアド）に対しては、山室は、これまでと同様にそれを誤解としている（p.125）。

老川論文に対するこうした応答を通じて、山室は自らの核家族論批判の「秘められた問題意識」を明らかにしている。「核家族論のイデオロギィ性」である。「核家族そのものの現実がどうあるかということが、核家族論のイデオロギィ性を明かにするためのきめ手となる」（p.127）と述べる山室は、核家族論支持の論者に対して新たな問いを提起しているとみなすこともできるだろう。こうした見解は、かれが「論争」を通じてまずもって「核家族の普遍性」というアイデアを批判し、さらに、森岡の「有用な理念型」という主張に対しても、その「有用性」が適用しうる現実を時間的および空間的にどのように規定しうるのかということを問題としたことをふりかえるならば、十分に理解できることであろう。

執行嵐（1966）「小家族理論としての核家族概念」

加えて検討する執行論文は、同年の山室による老川への応答論文とほぼ同時期に紀要論文として発表されている[17]。すでに触れたように一九五〇年代から核家族論の積極的な導入を図ってきた執行（1955a, 1955b, 1956a, 1956b）は、この論文においてまず、戦後の経済の高度成長にともなう社会変動を背景に社会学的な関心が主として農村から都市へと移行してきたことにともなって、元来農村部における伝統的家族を対象としてきた家族研究においても、都市部の家族をめぐる諸問題への関心が高まるとともに、その分析のための道具立てにも新しい都市家族の研究に適したものが求められるようになったと述べる。そして、こうした日本の社会的および社会学的状況において「現代都市家族に接近するための概念的手掛り」として核家族概念が導入されたという（pp.35-36）。こうした文脈において「論争」への言及がなされる。執行は「核家族論争」という表現を用いてはいないが、「核家族概念をめぐっての山室-森岡の論争、さらにそれについての老川のコメント」を「有意義なもの」と評価した上で、自らも「核家族概念を導入した者の一人として」その見解が論じられていく[18]（p.36）。

執行は核家族概念の一般的な用法として、「通文化的概念として」のそれと「歴史的社会的現実から合理的に抽象された理念型として」のそれとを区別し（p.37）、それぞれについて検討を加えていく。そこではこれまでの「論争」の〈争点〉や論点に即した議論が展開されていくわけでは必ずしもないが、マードックにはじまる欧米での諸議論を検討していく中で適宜、山室や森岡、老川に対して言及がなされていく。

「通文化的概念としての核家族」に関しては、「論争」において〈争点〉のひとつとなっていた「母子ダイアッド説」がまずは検討される。山室（1963, 1964）および老川（1965a, 1965b）において議論されたスミス（Smith 1960）によるギアナの母親中心家族の研究に関して、老川と同様にそれが核家族に代替する母子ダイアドという含意をもつものではなく、むしろ「核家族の普遍性を支持する」ものであるとの理解が示される（p.39）。さらにそうした事例は社会的、経済的条件によっては「核家族が独立した単位としては機能しがたく、経済的弱点をもつこと」そして「核家族の普遍性の主張は横断的にではなく縦断的に見た場合」に可能であるという家族周期論的観点からの指摘がなされる（pp.40–41）。

つづいて、かれのいう「核家族不在説」として「母権説」と「家族廃止論」が検討されるのであるが、そこではまず前者としてナヤールの事例をとりあげ、マードック的な四機能説にもとづくならば、「核家族の普遍性の理論的基礎はゆらぐ」ものの、それをパーソンズが行ったように二機能説的に修正することによって理論的安定が担保されるとの見解が示される[19]（pp.42-44）。さらに後者の事例としてソ連や中国での社会主義的な試みやイスラエルのキブツなどがとりあげられているのであるが、そうした「実践的挑戦」にもかかわらず「現在の段階では核家族の普遍性が否定されたということはできないと見るべきであろう」と述べる（pp.45-46）。

こうした議論をふまえて、執行は自らの理論的立場をパーソンズ的な核家族論によって基礎づけ、さらにそれを戸田貞三から喜多野清一へと受けつがれた「家族の本質をその独自な人格的結合にもとめ」る「小家族理論」と関連づけることで、「家族の普遍性を存在論的立場からではなく、機能論的立場から、人間は人格の形成と安定化への機能を果す核家族への文化的傾向性を示すものとして把え」るという見解が示される[20]（pp.46-47）。

つづく「理念型としての核家族概念」に関しては、パーソンズの議論を敷衍したウィリアム・グード（Goode 1963）の「産業社会の家族の理念型」としての「夫婦家族」が批判的に検討される。そこではグードのいう「理念型」の理論的不徹底さが指摘されるのであるが、しかしながら、「通文化概念としての核家族と理念型としての夫婦家族概念を区別した」ことを評価し、核家族概念を理念型としてではなく[21]、通文化的概念として限定的に用いることが提案される（pp.48-53）。

執行の議論は、それと明記されているわけでは必ずしもないものの、山室の核家族論批判の四つの論点をふまえて、そのそれぞれに対してトータルに核家族論支持の立場から応答したものとみてよいだろう。またかれが喜多野の小家族論の立場に立つことを明示することで、この「論争」と「有賀・喜多野論争」との関連を示唆している点も興味深い。その普遍性というアイデアも含めた上で核家族論支持の立場に立ちつつも、山室が主張したような核家族を構成しえない人々への「接近の鋭さをくみとる努力」としてこの論文が位置づけられている点も含めて[22](pp.54-55)、山室の核家族論批判に対するもっとも説得的な正面からの反論といってよいだろう。

このように「論争」の第二段階においては、新たな論者が加わりさらに議論が展開していった。新たに加わった松原、老川、執行は、山室の主張に対して批判的な立場を示し、その意味では核家族論を支持する立場の優位という構図がしだいに明確になってくる。山室にとって不幸だったことのひとつは核家族論批判の立場からの新たなる論者の参加がえられなかったことであろう。ここまでの議論を通じて、山室による潜在的なオーディエンス説得の試みは成就しなかったと言い換えることもできよう。

3-3 「論争」の終結：第三段階

一九六七年に森岡によって「核家族説」に依拠して編纂されたテキストである『家族社会学』が

刊行される[23]（森岡編 1967）。後にこの「論争」をふりかえった森岡（1998：142）は、「一九六三年から六六年にいたる「核家族論争」は、パラダイムの存在を意識化し自覚化する集合的な営み」であり、「三〇年前に私たちが行ったことは、抬頭しつつあったパラダイムを自覚的に鍛錬することであった」と述べている。ここで「論争」を終結させることになるものとみなす一九六八年の山室論文は、こうした状況を背景として、その当初の舞台である『ケース研究』に発表される。[24]

山室周平（1968）「核家族は理想の家族か——核家族論と戸田理論をめぐって」

タイトルが示すように山室は、核家族論のイデオロギー性を危惧し、これまで通り核家族論批判の立場を堅持している。「論争」のこれまでの経過の中で、森岡とのやりとりにおいて核家族論批判の四つの論点を示し、また老川とのやりとりにおいて核家族論のイデオロギー性を指摘してきた山室は、自らに対する反論に対しては、それに逐一返答しながらいわば詳細かつ執拗な議論を展開してきた。[25]それに対してこの論文は、これまでの論述のスタイルとは異なり、この「論争」における諸々の論点をふまえた上で、自らの核家族論に対する見解が、編集部のいうように文字通り「総括的な論考」という体裁でまとめられている。

冒頭に紹介される二つの新聞記事はいずれも核家族論支持の立場に立つ森岡と松原によるものであるが、[26]「核家族」という定訳をめぐって、それとなくではあるが両者への批判的なコメントがなされている（pp.16–17）。欧米における核家族論のあり方のみならず、その日本での受容のされ方に関して、これまで通り「工業化の特定の時期における複合家族の分解を説明するための用具としての有用性」は認めるものの、それ以上の評価はせず、むしろ「最近の風潮のなかには、核家族が理想の家族であるかのごとき印象を与えるものもあるが、私にはそれほど充分な根拠があるとも思えないし、かえって危険性があるとさえ考えている」と述べる（p.18）。山室は社会保障制度の整備が立ち後れている日本において、核家族を構成しえない人々や、それを維持していくことが困難な人々の生活のあり方に触れながら、核家族の理想化という風潮を批判しているのである。

こうした主張は山室のこれまでの批判的立場を再確認するものといえるが、この論文においては新たに、米国出自の核家族論と戦前からの戸田（1937=2001）の家族論との関連が論じられる。これは、先に検討した執行（1966）の、戸田から喜多野へという小家族論とマードックおよびパーソンズの核家族論の接合とでもいうべき立場に対する応答といえよう。戸田家族論の評価がひとつの〈争点〉とされているのである。戸田の家族論の一般的な理解としては、かれが「夫婦、親子ならびにその近親者」を構成員とし、「愛情にもとづく人格的結合」としての「感情的融合」によって形成される「共産的共同」として家族をとらえ（戸田 1937=2001：48）、またそうした小家族のあり方を第一回国勢調査の結果にもとづいて実証したというものである。こうした戸田の家族論は山室もいうようにマードックの核家族論を先どりするものでもあった（p.19）。

しかしながら山室は、とりわけ戸田の「非家族的生活者」のとりあつかいをめぐって独特の解釈を示す。山室は、戸田による「非家族的生活者」への着目から、かれが一方で家族を基本的な生活様式とみなしながらも、他方でそこからはみでる人々の存在に配慮し、そうした「人人の問題と積極的に取組み、それを彼の家族理論のなかに位置づけていた」(p.21) と論じる。この点は、山室がこれまで一貫して批判してきた、たとえば、単身、父子、母子等の核家族を形成していない世帯をも「核家族的世帯」に組み込むというアイデアをめぐって、「結婚をひきのばされている人人、老親との同居にあえいでいる人人、白眼視にたえて同居している老母たち、あるいはさらに、夫＝父の「蒸発」に泣く母子世帯の人人の立場に立った場合」そうした核家族論的な説明は、妥当性や説得力をもちえないであろうという指摘に通ずるものである[27] (p.21)。

核家族論の立場からは、家族周期の観点からそうした対象への接近が可能であり、またそのような展開をしていく上でも基本的な分析ユニットとしての核家族というアイデアが主張されてきたわけであるが、山室はそうした接近をよしとはせずに、いわば、いまそこにある家族の現実のあり方にこそ接近すべきであると主張し、自らの「昼・夜間世帯人口論」(山室 1966a) などをそうした試みの一例として示している[28]。

このように、山室はいまだ核家族論には問題の多いことを指摘し、これまでと同様に一貫してそれに対する批判的な立場がとられてはいるものの、それが実際に内外の広範な支持をえている状況を鑑み、「比較研究の必要上からも「核家族」の概念を使用することが不可避であろう」と述べる。ただし、あくまでそれは「技術的な用具」として用いられるべきであり、拡大解釈的な運用や理想化に対して禁欲的であることを求めている。そして、この論文はつぎのような主張によって締めくくられている。

理想の家族ということであれば、規格化された、単一の理想像を他人に押しつけるようなことには私は基本的に反対である。それぞれの事情や、それぞれの信条にもとづく多様な家族の理想が追求されて然るべきであり、それが可能であるような状況をつくりあげてゆくことの方に、もっと目が注がれるべきであると考えている。[29]（p.22）

この山室論文をもって「核家族論争」の終結をそこにみる。ただし、それ以降においても山室による核家族論批判は継続していくことになる。[30]とくに一九七〇年の論文「家族理論（1）——問題状況と当面の課題」においては、当時「核家族論争」とほぼ並行して行われていた「有賀・喜多野論争」だけでなく、この「核家族論争」も継続していると主張し、これまでの自らの批判にもかかわらずその支持を表明している核家族論者として、森岡（森岡編 1967）および松原（1968）に対して批判的な見解を示している。[31]しかしながら、そうした山室の批判の継続が、核家族論支持の立場からの返答を促し論争という形式を備えた議論がさらに展開するにはいたらなかった。

4 「核家族論争」と「家族社会学」の構築

日本における家族社会学の成立を家族調査の方法論という観点から検討した池岡義孝（2003b）は、小山隆による『現代家族の研究――実態と調整』（小山編 1960）を「戦後の家族社会学研究の模範例としてのパラダイム」となった成果として位置づけ、その「共同研究の母体となった「家族問題研究会」を、パラダイムを支持する科学者の共同体」とみなすことで、そこに「戦後の家族社会学の通常科学化が完成する」と論じている（ibid.：65–68）。池岡が着目した方法論という側面のみならず、都市家族への着目という側面から考えても、小山のとりわけ戦後の家族研究は戸田以来の小家族論の系譜に位置づけられるものである。しかしながら、池岡は戸田によっては家族社会学のパラダイムは確立されえなかったと述べる。なぜか。戦後の小山の家族問題研究会のような「科学者の共同体」が形成されえなかったことがそのひとつの理由としてあげられている（ibid.：75）。

日本においては一九三〇年頃から開始される本格的な家族の実証的研究をめぐって、上野和男（1984）は、それらの諸研究が理論的に準拠する家族のあり方の違いという観点から、そこに、柳田国男や有賀喜左衛門に代表される「大家族論」、戸田貞三、小山隆、喜多野清一に代表される「小家族論」、そして鈴木栄太郎、大間知篤三に代表される「直系家族論」という三つの系譜が識別しうると論じたが、そうした議論もふまえながら池岡は、戦前期には未分化で学際的であった家族研究が、戦後にいたってそれらの系譜がそれぞれ農村社会学、家族社会学、社会人類学へと専門分化していったという「戦前から戦後にかけての家族研究の流れの基本的な枠組み」が指摘できると述べる（池岡 ibid.：70）。

森岡（1974：347）によれば、それまで「家族研究」あるいは「家族論」とよばれてきた家族の社会学的研究に対して、「家族社会学」という名称が用いられるようになるのは「一九五三年ごろ」からであり、戦前からの研究者の中でこの名称をもっとも早く採用したのは小山隆であったという。森岡のこうした指摘は、池岡のいう家族研究の専門分化過程、とりわけ家族社会学という領域の示差的な形成過程の一端を物語るものであろう。

この章で考察してきた一九六〇年代の「核家族論争」は、小山の主導によって確立した家族社会学のパラダイムがさらに精緻化されながら組織化されていく過程を例証するものであると考える。そこでの基本的な〈争点〉は戦後日本の家族社会学における基礎理論としての核家族論の是非にあった。『現代家族の研究』によって結実する家族社会学のパラダイムにはなお、依拠すべき理論的枠組みを必要とするという課題が残されていたのではないかという理解である。

家族論あるいは家族研究から家族社会学へという流れのなかで、他のさまざまな家族研究とは異なる独自の分析枠組みを獲得することによって、ディシプリンとしての家族社会学は確立する。上野（1984）は「核家族論争」を「有賀・喜多野論争」と同様に「大家族論」と「小家族論」との間に生じた論争と位置づけているが、「核家族論争」はかれのいう「小家族論」の系譜に位置づけられる家族社会学において、内側からその外延を明確化していくような、きわめてローカルに展開した議論と考えた方がよいのではないか。山室が日本における核家族論の批判者として有賀や中野に言及し、また、それに呼応する形で執行が戸田から喜多野へという小家族論の系譜と核家族論の結びつきを論じることで、「核家族論争」と「有賀・喜多野論争」との関連が示唆されていたわけであるが、有賀やまた中野、さらに喜多野も含めて、かれらが「核家族論争」に対して関わりをみせることがなかったのは、この「論争」のこうしたローカルさを嫌ったためではないか、と考えるのは邪推であろうか。ともあれ、「論争」は一九六八年の山室の総括をもって終了する。そして、核家族論をその基礎理論とした戦後日本の家族社会学（森岡のいう「核家族パラダイム」）がこの時期確立するのである。

しかしながら、この「論争」においては山室が提起した核家族論をめぐる諸問題のすべてに明確な回答が与えられたわけではなかった。最後に「論争」の〈争点〉と〈問題化〉されなかった論点について確認しておきたい。

山室の核家族論批判をめぐる問いは、（1）欧米のさまざまな核家族論のうちのどれを採用するか、（2）欧米の核家族論批判をめぐる議論にどう応えるか、（3）日本における核家族論批判にどう応えるか、（4－ⅰ）核家族の普遍性は認め難い、（4－ⅱ）理念型の不徹底さ、（4－ⅲ）家族の「核分裂」以降の現代家族の変化を適切に把握することができないという核家族論の限界、以上の四点であった。これに対して、森岡は山室の論点（1）（2）（3）への応答を避け、とりわけその（4）に対して、自らの見解を示す。

すなわち、森岡は「理念型としての核家族」という立場から、とりわけ普遍性をめぐる欧米での諸議論から離れて、日本の家族への適用に焦点化したのであった。森岡はこの「核家族論の有用性」という主張を、「家族結合の性質」と「核家族論の適用」という二つの点から展開するとともに、そうした主張には山室の核家族論批判に対して、それに代わりうる有用な基礎理論の可能性という問いが含意されるとここでは論じてきた。さらにそれを受けた山室の再批判ではこの「有用性」が〈争点〉となり、森岡のいう家族結合のロジックの不明確さを指摘するとともに、山室は「有用性」の限界を先の（4－ⅲ）との関わりにおいて主張しそれに応じたのであった。しかしながら、核家族論に代替しうる基礎理論については具体的な見解を示すにはいたらなかった。

「論争」の第二段階では、松原が森岡の主張に賛意を示すが、山室の「有用性」の限界という主張に対しては明確な応答を行ってはいない。山室の論点（1）および（2）については、老川がそのテキストクリティークの不十分さを批判することで〈争点〉となるが、「論争」の基本的〈争点〉との関わりが不明確であるとの反論を山室から受けることになる。また、それに関連して、山室は核家族論のイデオロギー性という新たな論点を示す。

「論争」を通じて、山室の核家族論批判に対してもっとも包括的な応答を行ったのが執行であり、そこでは欧米での諸議論、とりわけパーソンズの議論に依拠し（1）、核家族論批判をいまだ十分なものではないと評価し（2）、喜多野の小家族論に言及することで、翻って有賀による日本における核家族論批判を批判し（3）、核家族の普遍性を主張するとともに（4－i）、通文化的概念としての核家族と理念型としての夫婦家族という区分を導入することで、その不徹底さを理論的に修正した（4－ii）。また、山室のいう現代化にともなう核家族を構成しえないさまざまなユニットの現出という論点に対しても（4－iii）、そうしたとりくみと核家族論の統合が課題であるとの見解が示された。山室のいうイデオロギー性に対しては、明確な応答がないままに「論争」は終結するが、それがとりわけ（4－iii）と関連するものと考えるならば、執行の応答はそうした主張を汲むものとも理解できる。

「論争」の総括となる一九六八年の山室論文では、これまでの批判の論点に加えて、戸田家族論の理解があらたな〈争点〉として浮かび上がる。とりわけ核家族を構成しえない人々のとりあつかいをめぐって、戸田の家族論を小家族論におさまりきらない可能性をもつものと山室はとらえることで、執行の戸田から喜多野へという小家族論の系譜に対して応答しているといってよいだろう。

以上をふまえるならば、山室の提起した問いの（4－iii）に対しては、核家族論支持の立場からの応答は必ずしも十分なものとはいえないだろう。それはイデオロギー性批判という論点とも関わるものであるが、こうした山室の問題意識の中に、個別具体的な人々の生活への着目という志向を読みとることができるとするならば[32]、それは前章で考察した「標準理論」のブラインドネス批判を先どりするものであったということもできよう。さらにいえば、山室が主張した「技術的な用具」としての核家族論という見解は、「定義問題」以降の「概念の特定化」に通ずるものともいえる。

この「論争」が論争として成立しえたのは、現実に進行する社会変動と家族変動を背景として、それに家族社会学としていかに接近するかという問題が、文字通り問題として共有されていたからであろう（基本的〈争点〉の共有）。家族社会学はその基礎理論を渇望していたのである。しかしながら、「核家族論争」をへて認識論的にも確立することになる戦後日本の家族社会学においては、現実の家族生活を営む多様な人々のリアリティにいかに接近するかという問題意識よりも、核家族論の枠内においてそれらをどのように理解するかという観点の方が優先されることになる、といってはいいすぎだろうか。

注

（1）マードックの『社会構造』が刊行されるのは一九四九年であるが、そこで示された“nuclear family”概念は一九五〇年代を通じて日本においても家族社会学者を中心として積極的に紹介されることになる。老川寛（1986）によると、もっとも早くそれを日本語に訳出して発表した例としては一九五〇年九月に『社会構造』の書評を発表した安藤国男による「中核的家族」があげられる（筆者は未読である）。同年の一二月には小山隆（1950）が「核心的な家族」、翌年の八月には山室周平（1951）が「原核家族」と訳出しているのをはじめとして、以降、「中核家族」「核的家族」「核心家族」「夫婦家族」などさまざまな訳語があてられてきた。本文中でも後述するように「核家族」という訳語が定着するのは五〇年代の終わりになってからであるが（たとえば、山室 1958：小山 1959）、同じく老川によれば、その後定訳となるこの訳語は、中国研究者小川修による一九五三年四月訳出例が最初のものであったという（筆者は未読である）。

（2）すなわち、それぞれの見解が構想する家族とその社会学的研究のあり方に埋め込まれた家族をめぐる専門的な記述実践の対立・交渉過程としてこの「論争」を分析するとともに、論争という文脈形成を可能とした言説空間としての家族社会学のあり方を考察する。

（3）ここでは戦後日本の社会学における家族理論を対象とし、いわば家族社会学研究の認識論のあり方を問題とするが、一連の学説史的研究において池岡義孝（2000, 2003a, 2003b）は方法論のあり方——とりわけ「量的／質的方法」という「二分法的理解」の成立——に焦点化して戦後日本の家族社会学の成立過程とその特質を分析している。日本における家族の「標準理論」あるいは「パラダイム」の確立過程の記述という課題に対して、本章はそれらと問題関心を共有するものである。

（4）「家族発展系列理論の現段階——G. P. Murdock の新学説について」（山室 1951）では、マードックの『社会構造』がとりあげられているのであるが、そこでは、必ずしもその第1章において展開されている核家族論というアイデアが批判的に検討されているわけではなく、モルガン以来の社会進化論的な家族論に対する批判的な家族論の最新の成果として位置づけられている。また、「家族の歴史的発展」（山室 1957）では、核家族論に対する体系的な批判とまではいかないが、そこでは「夫婦家族」と訳されている"nuclear family"の普遍性をめぐって、マードックに対する疑義が示される。つづく「核家族論の発展と西欧の現代家族社会学」（山室 1958）では、当時の米国において家族研究の基礎理論として支持されつつあったマードックの核家族論について、その支持論と批判論を紹介した上で、しかしながら、そうした議論が、欧州の家族社会学においては当面の関心事とはなってはいないと論じている。そこには後の「核家族論争」における山室の批判的見解の原型をみてとることができる。

（5）この論文の冒頭には、『ケース研究』編集部によるつぎのような紹介文が付されている。「本稿は、現代家族社会学の理論的基礎に核家族をすえることの是非をめぐって展開されている「核家族論争」についての、山室教授のいわば総括的な論考である」。またそこでは、山室の核家族論批判に対峙する形でこの「論争」を構成する文献として、森岡（1964a）、老川（1965a）、松原（1965）が紹介されている。

（6）これ以降も山室（1970, 1973）は、核家族論批判の立場を示すとともに、ときにそれが依然として「活発に展開され、持ち越されている」（山室 1970 : 201）といった主張も行うのであるが、そうした認識を共有しそれに応答するような議論は現れることはなく、「核家族論争」という議論の文脈が再度形成されることはなかった。

（7）この節では「論争」構成した各論文を検討していくが、各パートでとりあげる論文からの引用箇所については、本書の他の箇所の表記形式とは異なり、原文のページ番号のみを括弧内に示す。

（8）一九六〇年度（昭和三五年度）厚生行政基礎調査の一パーセント抽出にもとづく世帯構成の分析である『世帯の分析』を指している（筆者は未読である）。老川（1999 : 55-57）によると、この時期の小山は

「Ⅰ 単独世帯、Ⅱ 夫婦世帯、Ⅲ 無配偶子女を含む世帯、Ⅳ 有配偶子女を含む世帯、Ⅴ 直系尊属を含む世帯、Ⅵ 直系尊卑属を含む世帯、Ⅶ 傍系親族を含む世帯」という世帯構成の七類型をたてるとともに、このうちのⅠからⅢまでを「核家族ないし核家族的世帯」とよんでいる。小山特有の「核家族的世帯」のこうした用法は一九七七年頃まで採用され、それ以降は先の類型のうちのⅠが単独世帯に、ⅡおよびⅢが核家族世帯と区分されることになる。

（9）その経緯については、山室論文を「一読して反論の必要性を痛感した」という森岡（1993b：352）も参照されたい。

（10）この点に関して、宇野正道（1978）によれば、この核家族の普遍性についての問題は、この論争における議論においては論点からはずされてしまい、むしろ「有賀・喜多野論争」において、戸田の小家族論との関連で展開されることになった。

（11）とりわけ、機能をめぐる批判はイスラエルのキブツにおける家族の存在可能性をめぐるメルフォード・スパイロ（Spiro 1954=1981）や山根常男（1963）の諸議論などをはじめとして、核家族普遍説の批判的検討においては重要な焦点のひとつであった。「機能」を〈争点〉としないという森岡のこうした提案については第3章においてあらためてとりあげる。

（12）これに関連して山室は、世帯構成の実証的研究において、昼夜それぞれにおける世帯構成間の差異の問題に注意を促し、その後こうした関心から「昼・夜間世帯人口論」を展開する（1966a, 1967）。こうした提案の背景には、職住の分離にともなう家族の近代化とその実態把握の必要性という山室の問題認識が指摘できる（老川 1998）。

（13）その代表例が『家族周期論』（森岡 1973）へといたる森岡の諸研究であろう（森岡 1953, 1962, 1964b, 1965 など）。

（14）「検討」は『社会学評論』に研究ノートとして、またそれをより詳しく展開したものとされる「『核家族論批判』の基本的問題」（以下「基本的問題」と表記する）は『東洋大学大学院紀要』に論文として発表されたものである。「基本的問題」においては、「検討」においてとりあげられた問題に加えて、パーソンズに代表される核家族論に対する実証的な批判として、親族ネットワークをめぐる諸研究（たとえば、サスマンやリトワク、さらにそれらをふまえた森岡など）についての詳しい検討がなされている。この点に関して「検討」では、「核家族をめぐる問題情況」の「争点」のひとつとされている（p.83）。

（15）このアダムスの研究の理解に関連して老川は、核家族論支持者である松原に対してもテキストクリティークの不十分さを批判している（p.85 注20）。

（16）日本の家族論を「大家族論」「直系家族論」「小家族論」の三つに整理した上野和男（1984：34）は、そのうちの「小家族論」に関して「戸田貞三を出発点として小山隆・喜多野清一・森岡清美らにうけつがれマードックらが提唱した「核家族論と結合した」」と論じている。

（17）執行論文は同年二月、山室論文は三月にそれぞれ発表されている。

（18）これに関して執行は、山室（1957, 1958, 1963, 1964）、森岡（1964a）、老川（1965a）を指示している。松原（1965）についてては触れられていない。

（19）経済的機能あるいは生活保障機能を本質的機能から外すという理論的修正である。すでに検討したように山室と森岡の議論においては「機能」という観点を論じない提案がなされたが、執行の議論は構造と機能の両面から核家族の普遍性が論じられている。

（20）こうした文脈において、有賀喜左衛門の家理論に対する批判が示唆されている。

（21）この点は山室の批判に対する森岡（1964a）核家族の再規定に関わる論点であったが、執行論文では森岡の議論への言及はみられない。

(22) この点に関して、執行はつぎのように述べる。「核家族概念にもとづく家族形態論と山室の世帯構成論とは矛盾するものではなく、本来相補的なものである(中略)。前者はいわゆる家族様式論で、縦断的な把握を特徴とする。後者は実践的で、家族の生活周期の諸局面の横断的把握に有効性を示すのではなかろうか」(p.54)。

(23) このテキストやその後刊行される『社会学講座3　家族社会学』(森岡編 1972)など「論争」以降の森岡の文献においては、「核家族論」ではなく「核家族説」が用いられる。「核家族論」をめぐる「論争」においては、核家族の普遍性がひとつの〈争点〉であるが、森岡のいう「核家族説」は「核家族を家族構成の意味ある構造的単位とみる」(森岡編 1967:9)立場、また「核家族を分析の基礎的単位とみる立場」(森岡編 1972:15)とされ、マードック以来の「核家族論」にみられたその普遍性という考え方に与しない分析的立場であることが含意されているといえよう。また、初学者あるいは一般の読者層を対象とした文献としては、一九六四年一一月(森岡と山室の論文が発表された後になる)に、松原による『現代の家族――新しい家庭の条件』(松原 1964)が刊行され、そこでは「対立する二大学説」のひとつとして「進化論的学説」に対する「核家族説」がマードックやパーソンズに代表されるものとして紹介されている。ただし、松原の議論においては、同時に「核家族論」の語も使用され、「核家族説」という表記に森岡のような積極的な含意を読みとることはできない。また、その後NHKブックスから『核家族時代』(松原 1969)が刊行されることになる。

(24) 先述したように、この論文には編集部のコメントが付されているのであるが、再び『ケース研究』が舞台となった背景には編集部(湯沢雍彦であろうか)の配慮があったのであろう。ちなみに、この『ケース研究』一〇六号の〈本の紹介〉では、前年に刊行された『家族社会学』(森岡編 1967)がとりあげられている(望月 1968)。

(25) 唯一の例外として、松原（1965）への直接的な返答は行われていない。

(26) 森岡清美による「「核家族」の由来」（朝日新聞夕刊一九六八年五月六日）と、松原治郎による「〝核家族化〟の意味（毎日新聞夕刊一九六八年二月一九日および二〇日）がそれである。一九六七年には「核家族」は流行語のひとつにもなるが（下川編 1997）、この時期この術語は、メディアなどを通じて日常語の語彙に組み込まれていく。

(27) この戸田理解とでもいうべき論点については、後にこの「論争」を考察した宇野（1978）は、山室の見解を肯定的に評価している。他方で、こうした山室の戸田理解は「かれの読み込みすぎというべき」と後に老川（1998：24）は論じている。山室の戸田解釈の妥当性についてここで論じる用意はない。ただ、一般的に理解されている意味での戸田の家族論に対しても、山室は核家族論と同様に批判的であったということになろうか。とすればそれはそれで興味深い。

(28) 核家族論支持の立場による家族周期論的展開とこうした山室の現実の家族の動向への着目という立場の違いは、執行（1966）によれば「縦断的」志向と「実践的」な「横断的」志向とに区分できるものであろう。山室の研究においては、家族成員の分散と集中の反復が、生産の単位でもあったかつての家族から公私あるいは職住が分離した近代社会における家族への変化を背景として生じてきたものであるとした上で、そうした家族が抱える問題をとらえるという実証的志向がうかがえる。いずれも個々の家族の通時的経過である「家族過程」に接近するものといえるが、山根（1972）の区分を援用するならば、両者の違いは「家族周期」と「家族ルーティーン」という焦点の違いに求めることができるだろう。

(29) こうした核家族の理想化に対する警鐘を、まさに核家族化が進行中のこの時代にならしていた山室の主張を、落合恵美子（1994：103）は「慧眼というほかありません」と述べている。

(30) もちろんその意味ではこの「論争」の範囲を拡張して考察することも可能かもしれないが、「標準理論」

受容過程の一端としての「核家族論争」ということでの位置づけからすれば、一九六八年の山室論文をもってその終結をみることに一定の妥当性は認められよう。これ以降の山室の核家族論批判は、それを日本の家族社会学が基礎理論として受容すべきか否かという水準においてではなく、むしろ基礎理論として受容された核家族論に対する批判として読むことができるからである。

(31) 松原(1968)では、「家族研究の現代課題」として「核家族説」に加えて「核家族批判説」が紹介されており、山室(1963, 1964)、森岡(1964a)、松原(1965)への言及がみられる。

(32) そしてそれは、戸田の家族論における生活への志向という論点にも通ずるものである(宇野 1978)。

第3章

家族機能をめぐる諸問題——家族社会学の論理と人々の方法

一九六〇年代に展開された「核家族論争」は、しだいに主題化されていく新しい家族のあり方を理念型あるいは分析単位とした核家族論という分析視角にもとづくような家族社会学のあり方の是非を問うものであった。本章では、「核家族論争」とりわけ山室周平と森岡清美のやりとりにおいて議論の〈争点〉から外されることになった機能をめぐる問題にまずは焦点をあて、そのことの意義を考えてみたい。機能をめぐる問題は、「論争」の終盤での執行嵐（1966）による周到な議論を除いて、森岡（1964a）の提案以降、山室（1964）の再批判論文をはじめとして言及されることがなくなる。

本章では、「核家族論争」にとって機能を〈争点〉から外すことの意義を考えることを通じて、「標準理論」およびその批判以降の現代の家族社会学における機能概念の理論的な位置づけについて試論的に考察していく。さらにこうした議論との関わりにおいて、社会構築主義的アプローチが有する理論的含意について述べる。

1 「核家族説」と家族機能

そこでいま一度確認しておきたいのは「論争」における森岡のつぎのような提案である。

核家族に子女の養育など一定の機能を固定的にしばりつけない方がよい[1]（森岡 1964a：23）

前章において考察したように、森岡は「社会的に承認された性関係」であるとともに、そこに「子の生まれることが社会的に許容あるいは期待されている関係」である夫婦関係には「潜在的にか顕在的にか子が伴われている」として「核家族論を立論の基礎に据えることができる」と述べる。こうした立論に対する予想される「異論」として、イスラエルのキブツにおける親子関係、インドのナヤール族における父子関係および夫婦関係、白川村の大家族におけるよばい婚による父子関係など、関係の内実が「稀薄」な例を示すことで、夫婦、母子、父子という三つのダイアドを基本的要件とする必要はないとするような見解もあるかもしれないという。

これらの核家族普遍説に対する反証例に対して、先に引用した機能の脱争点化とでもいうべき提案がなされる。森岡は、普遍性という論点を放棄するとともに、分析単位としての核家族を「実際の生活のなかで機能的単位をなしている、というのでは決してない」（傍点は原書）と述べ、それをあくまで「構造的単位」としてのみなすことが提案されるのである。こうした「核家族論の使用」を「原義から逸脱した濫用」であるかもしれないとしながらも、森岡は、それによって「我が国の家族研究に新しい視角が提出され、より豊かな説明が可能」となるならばそれでよいと述べ、学説史的な意味での厳密さよりもその有用性が重要視される（ibid.：23–24）。

こうした森岡の提案を受けて、山室はつぎのように述べている。

森岡氏が小論の主張にたいして、ともあれ核家族の普遍性という点を一応保留し、核家族を本来のいみでの理念型として設定しようとされたこと、またその場合核家族論者の機能論には問題の多い点を考慮され、核家族が「単位となっているということは、実際の生活のなかで機能的単位をなしている、というのでは決してない」といわれているごとくに構成の面のみに問題を限定しようとされた点を、まずもって欣びとしたい。（山室 1964：5）

こうしてこの「論争」において分析単位としての「核家族」をめぐって機能という観点からはその是非を問わないということが合意されるのである。ただし、山室も指摘するように（ibid.：8）、森岡の議論における機能の脱争点化は十分なものとはいえず、「構成」に限定するとされる議論において、たとえばつぎのように機能に準じる「役割」といった観点がもちこまれている。

父のいない世帯、母のいない世帯では、それぞれ父、母の役割を誰がいかように代行しているか、あるいはどの点で代行が困難であるのかを核家族論的発想のもとに精査するのが、より生産的である（森岡 1964a：25）

こうした議論のブレをここで問題としたいわけではない。むしろここで考えてみたいのは、機能という観点を排して家族の構成や形態という構造的側面を問題化することの難しさについてである。(2)森岡の提案に対する山室の肯定的な応答は、家族の構成という側面のみに着目して理念型として設定された核家族概念の、そのきわめて限定的な使用に対する同意と理解することができるだろう。とすれば、脱争点化された機能とはいかなる意味をもつ理論的道具であるのか。家族社会学における機能の位置づけについて考えてみたい。

森岡もまた山室も、「論争」以降の文脈において家族機能をめぐる議論を展開している。一九七二年の『社会学講座3　家族社会学』(森岡編 1972)では、まず第1章において、『家族社会学』(森岡編 1967)における「福祉追求」機能というアイデアを踏襲するとともに、多かれ少なかれそうした責任を担う「親族圏」の中から家族(核家族)を分節し析出する根拠として、それが「第一次的な福祉追求」を担うものであることが示されている(森岡編 1972：3)。森岡の家族論における機能のとりあつかいをめぐって、石原邦雄(1988：260)は、それを「方法論的な核家族論の採用によって」特徴づけられるとした上で、しかしながら、森岡の家族定義が「福祉追求」という機能によって「情緒的価値性を捉えた結果、「近代家族」的な特性を強調する」という帰結を招いたことを指摘するとともに、加えて「形態論から入った森岡の立場からすれば、定義においても家族の機能に触れずに済ませることも考えられたかもしれない」(ibid.：276)と述べている。純粋に形態論的な家族論を展開したならば、後に指摘されることになる近代家族を理想化するような背後仮説を前提としているといった批判（たとえば、落合 1989 など）を、ともすれば回避することができたかもしれないということであろうか(3)。

しかし、果たしてそれは本当に可能だったのであろうか。「論争」において機能を脱争点化することを提案した森岡にとっても、焦点となる家族の構成・構造という形態的側面を親族という関係網の中から分節するにあたっては、機能という観点が不可欠であったのではないか。思うに、こうした構造－機能という二分法的理解は、家族をその形式と内容、形相と実質、外延と内包からなるものとして概念的に基礎づける論理のひとつである。そして、そうした論理にもとづかないような家族の概念的把握の困難性を考えたとき、「論争」における森岡の議論はその内実として不徹底なものであったという観が否めない。家族変動との関わりにおいてウィリアム・オグバーン（Ogburn 1938 など）に嚆矢する家族機能論を詳細にとりあげた右講座の第7章などは、あたかもそうした不足分を補塡するかのような議論とも受けとれる（森岡編 1972：213–216）。

その一方で、山室（1971）は、ジョージ・マードックによる核家族の四機能説以来の家族の機能をめぐる多様な諸議論を「多様なままに、位置づけ総括」するという観点から「家族の機能に関する戦後の研究動向」を整理している。そこでは欧米における核家族論とその批判論という議論の軸を導きの糸としながら、機能という側面に焦点化した核家族論の批判的検討がなされていると言い換えてもよいだろう。

マードックの機能論は、タルコット・パーソンズによって社会学的に受け継がれ、近代社会における「核家族の主要な機能」として再定位されることになる。ウィリアム・グード（Goode 1964=1967）やまたよりマートン的な機能論を展開したロバート・ウィンチ（Winch 1963）といった社会学における家族機能論に加えて山室は、パーソンズの家族機能論を批判したマリオン・レヴィ（Levy 1955）、マードックに対する批判としてメルフォード・スパイロ（Spiro 1954=1981）によるキブツ研究、さらにアイラ・リース（Reiss 1965）による「愛育的社会化」[4]機能をめぐる議論などに言及している。これらの諸議論は家族（核家族）に固有の機能としてそのリストにあげられる個々の具体的な機能の是非が焦点とされたいわば内在的な議論であるが、その他の組織や集団とは区別される第一次集団としての家族という観点から、いわば外在的に、より包括的で柔軟な家族機能論を提案している例として、日本で開催された第九回国際家族研究セミナー（一九六五年）におけるユージン・リトワクの報告が紹介されている[5]（山室 1971：30–38）。

こうした欧米での研究動向に加えて山室は日本における家族機能をめぐる諸議論にも言及している。そこでは大橋薫（1966）による体系的な整理をふまえて、戸田貞三（1937, 1948）、小山隆を中心とした家族研究部会（1957）における姫岡勤、山根常男（1963）、加えて森岡（1957；森岡編 1967）の「福祉追求」へといたる議論がとりあげられている。その上で山室は機能を論じるにあたって「実証的な資料の不足」（山室 1971：42）を問題とし、特定の機能を本質化することへの疑義を示すとともに、それをあくまで「仮説ないし操作技術上の手掛り」（ibid.：51）にとどめるべきであると述べる。山室のこうした見解は「核家族論争」終結以降の文脈においてかれが主張しつづけた「作業仮説としての核家族論」（山室 1970：218）という立場からなされたものであるといえよう。

「核家族論争」以前から比較研究のための基準として、家族の構成のみならず機能についての概念的整理の必要性を論じてきた山室は、「職業分類表をもととし、若干の補足を加えることによって作製された三九二種に上る機能表を一応の基準とすること」によって戦後の変動期の農村家族の実証研究を試み（山室・服部 1955：69）、また、新明正道が社会学的機能主義の源泉として位置づけた「本源的機能主義」[6]（新明 1967：14）に立ち返り、家族成員間にとりもたれている「家族的行動」のあり方から家族の構造に接近するという方法を試みてもいる。山室のこうした一連の研究からは、マードック以来の核家族論をふまえて分析の方針が定まりつつあった家族の構造的側面に対して、機能的側面をどのように関連づけていくかという問題が、家族社会学において重要な課題となっていたことがうかがえるだろう。

2 「家族の本質」と家族機能

こうした核家族論（核家族説）と家族機能という問題に関して、無視することのできない業績であると思われるのが山根常男の一連の研究である。[7] すでに一九五〇年代の段階で家族の機能についての論考を発表している山根（1954, 1956）のアイデアの源泉にあったのはフロイトであるが、ミシガン大学留学後の論文（山根 1959）からパーソンズら社会学者の家族研究への言及がみられるようになる。とりわけイスラエルのキブツ現地調査後の論文「家族の本質――キブツに家族は存在するか？」（山根 1963）においては、マードックの核家族論とさらにスパイロによるその批判をふまえた家族機能論が展開されている。

山根は、家族を個人と社会の媒介項とした上で、その対社会的および対個人的な機能の遂行という次元に「家族の本質」を位置づけている。性、生殖、経済、教育、心理という五つの機能を「伝統的家族」[8]の本質とした上で、夫婦と子どもが生活の場を異にすることで居住形態的にも家族（核家族）を形成せず、生産および消費のいずれにおいても夫婦、親子が経済的単位をなしておらず、子の養育・教育という機能をコミュニティに移譲したかにみえるキブツにおける家族の存在を問うた山根の議論からは、特定の親族の組み合わせ（構成・構造）と機能を結びつけることによって家族を概念的に把握するという論理を引き出すことができる。とりわけ山根の議論において特徴的なのは、機能に家族を家族たらしめる「本質」的要件としての意味が明確に与えられているということであろう。

その後『家族――その理論と実態』（姫岡・上子編 1971）に収められた「家族の本質――その概念分析」（山根 1971）では、嫡出の原理とインセスト・タブーという視角から「文化的存在としての家族」を基礎づけた上で、構造および機能という観点から文字通りその概念分析がなされていく。そこではマードックによる提案以来争点を形成してきた「核家族普遍性の問題」についても言及がなされる（ibid.：21-25）。「核家族論争」においても〈争点〉とされたこの問題に対して山根は、核家族がそれ自体として構造的な主位境界と機能的な主位境界を形成し、かつ社会の構造的要件となっているか否かという三つの条件を設定した上で考察を進めていく。

第一に、構造的境界の形成に関しては核家族論批判の事例としてしばしば指摘されるナヤールとキブツをとりあげ、核家族が普遍的には主位境界を形成しうるわけではないとする一方で、「家族同一性（family identity）」すなわち成員相互の家族認知という観点から、少なくともキブツに家族が欠如しているとはいいがたいと述べる。「核家族普遍性の問題は、結局、家族の定義いかんにかかっている」（ibid.：22）という見解は決して歯切れのよいものではないが、核家族の構造的境界それ自体をいかに把握するかという問題も、じつは思われているほどには自明ではないという指摘ともとれよう(9)。

第二に、機能的境界の形成についてはマードックの四機能説のイデオロギー的問題を指摘した上で、「愛育的社会化（nurturant socialization）」こそが家族の本質的機能でありまた社会の機能的要件であると主張したリース（Reiss 1965）の議論をとりあげている（ibid.：22–24）。リースは社会の成員を充足させるために不可欠な「愛育的社会化」を社会にとっての機能的要件としたわけであるが、同時にそうした機能が親族によって構成される小集団としての家族によってこそ効果的に達成されるとするならば、家族は社会の構造的要件であると論じた。

こうしたリースの見解を自らのフロイト的なアイデアであるインセスト・タブーとエディプス・コンプレックスとの関連において検討することによって、山根は、第三に、「父・母・子からなる親族構造的小集団」（ibid.：24）としての核家族が社会の構造的要件となっていることを主張している。

このようにして、一九五〇年代から六〇年代にかけて山根は独特の家族論を構築していくことになるのであるが、それは機能論的な観点からマードック以来の核家族論を、その普遍性というニュアンスをむしろ肯定しながらより力強く展開していくようなものともいえよう(10)。日本における家族社会学の組織化という文脈において展開された六〇年代の「核家族論争」は、その後もこの時期の研究動向を示す重要な出来事として言及されることになるが（有地 1970, 1993；宇野 1978；布施 1987；飯田 1985, 1996；望月 1987；池岡・木戸 1996；木戸 1998；野々山 1999；田渕 1999a；森口 2005）、現実への適用ならびにその有用性という観点から核家族論を支持した森岡や松原治郎らとは異なり、より純粋に理論を、あるいは家族の本質の追究を志向した山根は、核家族論を支持していたにもかかわらずこの「論争」に対するコメントを残していない。

なぜか？　思うに、それは「論争」において機能が脱争点化されたことによるものでもあったのではないか。父・母・子からなるエディプス的関係という構造的側面のみならず、晩年に「育児は文化的存在としての人間家族の基本的機能で、家族は人格形成の基盤である」（山根 1998：47）と論じたように、その機能的側面を重視する家族論を展開した山根にとって、山室と森岡の応酬を契機として展開した「核家族論争」は自らの見解を表明する場としては必ずしも適切なものではなかったのではないだろうか。

森岡の提案に戻ろう。「論争」において機能を脱争点化するという提案は、ひとつの（そして有効な）レトリックであったといえよう。そもそも、内在する性質を問題とする家族の機能をめぐる議論は、外在的に把握される家族の形態をめぐる議論にくらべて複雑で扱うことが難しい（庄司 1986：132）。また、マードックにせよパーソンズにせよ、かれらが提案した家族概念はすでに指摘したような構造－機能という二分法的理解によって基礎づけられており、であるからこそ、機能的な側面にかかわる反証例が仮に構造的な側面についての批判をともなわなかったとしても有効な批判となりえるのであろう。

さらに一九六〇年代に山根がそうした諸議論をおさえつつも、機能をその本質とするような家族の理論構築にとりくんでいたことをふまえるならば、機能をめぐる議論の扱い方は、核家族論の現実への適用を主張する森岡にとって、きわめてやっかいな問題であったのではないか[11]。森岡の提案に対する山室の素直な受諾は、機能をめぐる議論を排したところに家族社会学の基礎理論を構想するということを肯定するものではもちろんなく、当面の議論（「論争」）における〈争点〉のひとつとして、まずは家族（核家族）の構造的側面に焦点化することの了解として理解するべきであろう。

親族という関係網の中から「家族」を分節する理論的道具としての機能。特定の構造と特有の機能を結びつけることによって概念的に把握される「家族」。後述するように、こうした論理や理解の方法は家族社会学に特有のものではない。しかしながら、構造機能主義という理論的枠組みの登場によってそれはより先鋭化されていったように思われる。であればこそ、山室の執拗な批判に対して松原をしてそれを「本質論」とよばせることが可能となったのではないか。

3　家族社会学の論理

「核家族論争」において核家族の機能という側面を正面からとりあつかった執行（1966）が依拠したのはパーソンズの家族理論におけるそれであった。周知のようにパーソンズは、家族（核家族）の主たる機能を子どもの基礎的な社会化と成人のパーソナリティの安定化に求めるとともに（Parsons and Bales 1956=2001：35；cf. Parsons 1954=1971：65）、「高度に分化された社会において家族の機能は直接、社会のための機能としてでなく、パーソナリティのための機能として解するべきだ」（Parsons and Bales ibid.：35）と述べ、一方でその対個人的な機能という側面を強調している。「家族の普遍性を存在論的立場からではなく、機能論的立場から、人間は人格の形成と安定化への機能を果す核家族への文化的傾向性を示すものとして把えようと思う」（執行 ibid.：47）という執行の立場は、こうしたパーソンズ的な核家族の機能論にもとづくものであるといえよう。

他方で、家族の有する対社会的な機能はこうした「パーソナリティのための機能」の遂行を通じて間接的に遂行されるものと理解される（野々山 1977：44-47）。高度に分化した社会（近代社会）の下位システムのひとつとして位置づけられる家族は、潜在性のシステムとして、「パターンの維持と緊張処理」という機能を担うものとされる（Parsons and Smelser 1956=1958：83-87）。対社会的にみたときのパターン維持は対個人的には子どもの社会化に、また同じように緊張処理は成人のパーソナリティの安定化にそれぞれ対応するものとされるが、「AGIL理論からの論理的帰結だけであれば、むしろ同一の人（びと）についての社会化とパーソナリティ安定化が主題になってもよいはずである」と述べる橋爪貞雄（1974：92）は、こうした区分すなわち子どもに対しては社会化（パターン維持）が、そして成人に対してはパーソナリティの安定化（緊張処理）がそれぞれに要請されるという理解の仕方に、パーソンズに特有の現代家族（すなわち近代家族）をめぐる現実認識があるのではないかと指摘している。

こうした機能論は、パーソンズによる家族の構造的理解と結びついたものとして理解されるべきものであろう。属性主義的な親族組織と業績主義的な近代社会という二つの相反する原理のただ中におかれた個人にとって、家族はそれらを媒介する「適応構造」としての位置づけを与えられる（Parsons 1951=1974）。適応構造としての核家族、すなわち父・母・子によって構成される親族組織から構造的に孤立した核家族に対して、潜在性の機能であるパターン維持と緊張処理が割り当てられているのである。

より広範な親族網の中から家族（核家族）という構造を分節するのは、潜在性のシステムとして理論的に位置づけられる家族に対して社会的に要請される機能である。「核家族論争」において山室の核家族論批判に対して正面からの反論、すなわち構造および機能の両面からの反論を行った執行は、核家族論の立場に立ちつつも、核家族を構成しえない人々への接近の重要性という山室の主張をくみとることの必要性を論じたのであったが、そこでは家族の構造と実際にそれが遂行しているはずの機能との間のズレや齟齬が問題化されたといってもよいだろう。いわばそれは二分法的理解にもとづく家族問題という視点である。

家族社会学における家族定義論を検討した山田昌弘（1986）は、家族の集団的定義論を代表するものとしてパーソンズの定義と森岡の定義を批判的にとりあげている。そこでは親族関係にもとづいて特定の機能や目的をめぐって組織化された集団として家族を理解するという論理構成をもつ家族理論として構造機能主義的な家族理論が検討の対象とされているのであるが、山田によれば、それらの家族理論において、家族集団の範囲を確定するための方法には（すなわちそれを定義づける方法には）二通りのやり方があるという。

ひとつは家族が担う機能を定めた上でそれを遂行する人々の範囲を分析単位とする方法であり、その場合、そのようにして規定された家族集団と家族としての認知を共有する人々の範囲とが一致するものと前提される。いまひとつは家族に固有の性格を定めることでそれがおよぶ範囲に成員を確定するとともにそれが家族認知を共有する範囲と一致すると想定し、そのようにして析出される分析単位としての家族集団に共通する機能を発見しようとする方法である。前者を機能先行型定義、後者を構造先行型定義とよぶことができるだろう。山田が検討しているパーソンズの定義は前者を、森岡の定義は後者を代表するものであるとされている[12]（ibid.：53–55）。

こうした家族の集団的定義に対して、山田は、パーソンズや森岡の定義のいずれにおいても、家族の構造と機能そして家族認知の間に通文化的な対応関係があることが前提とされていることを問題として指摘している。山田はそれらを水準の異なる現象としてとらえられるべきであるとして、家族社会学の分析の水準をそれぞれ、「①親族カテゴリーを形成するという現象」「②親族システムを成員基準とする機能集団」「③家族意識。主観的な家族の像」に区分すること提案している（ibid.：59）。パーソンズや森岡が前提としていた構造と機能の結びつきによる家族集団の分節、さらにいえば、それが家族認知の範囲と重複するというアイデアに対して、それらをいま一度異なる水準に分離させることが提案されているわけである。

山田のこの論文はその嚆矢ともいえるものであるが、その後の「主観的家族論」に代表されるような家族への接近においては、構造および機能とは切り離された人々の主観的な家族認知に分析の水準が設定されることになる。

山田が述べるようにそれらの現象の間に区分を設けることは分析的には可能であろう。しかしながら、それらの現象の間に対応関係を認めるということそれ自体には特段の問題があるとはいえないのではないか。特定の構造と機能、そしてさらにいうならばそれらと家族境界の認知が結びついたところに家族が現象していると考えることは、おそらく人々の常識的な家族理解の方法と何ら変わるところがないように思われるからである。[13] それらを結びつけ関係づけるというそうした手続きは、それを通して、人々が日常的に家族というものの現実を把握し経験するための方法といってよいものであろう。後述するように、人々の主観的な家族認知や家族定義においても、家族社会学でいうところの構造と機能という側面が志向されている。

とするならば、家族社会学者として批判的に問題とすべきことは、そうした対応関係を用いるという手続きそのものに求められるのではなく、それらの次元間に特定の対応関係があるということを研究者が前提としてしまうことによって、現実の家族生活や家族関係の形成といった日常的な実践の場において用いられている（かもしれない）ような、それとは異なる対応関係のあり方に目が向けられなくなるというブラインドネスにこそ求められるべきではないか。

すでに述べたように、家族をその構造と機能という観点から把握するという二分法的理解の方法は、家族という現象を概念的に基礎づける論理のひとつである。構造としての核家族、子どもの社会化や成人の情緒的安定化という機能、それらを結びつけることで分節される「家族」というように、特定の対応関係を前提としたところに家族の「標準理論」がもつ特徴をみいだすことができる。第1章において述べたように、こうした家族の「標準理論」に対してはその後批判的な相対化が試みられ、家族理論の再考とともに分析視角の「多様化」が展開してきた。

現代の家族社会学において、「標準理論」にみられたような特定の構造と機能との結びつきを「標準的」な家族として無自覚に前提とするような研究はもはや十分なものとはみなされなくなったといってよいだろう。しかしながら、構造‐機能という二分法的理解という論理それ自体は、多くの新しい家族社会学の分析視角においてもいまもなお踏襲されているように思われる。デイヴィッド・チール（Cheal 1991）が整理した四つのアプローチに即して、この論理のゆくえについて確認しておきたい。

チールは「定義問題」への対応以降の家族社会学の分析視角を「概念の特定化」「概念の放棄」「概念の置き換え」「概念の拡張」と区分したのであったが、これらのうちで「概念の置き換え」を除くすべてのアプローチにおいて家族社会学の論理は踏襲されている。

「家族」概念の限定的使用といえる「概念の特定化」においては、「標準理論」のブラインドネスが自覚され、特定の家族のあり方を特権化しないという配慮のもとで、あるいは特定の家族のあり方を批判的に相対化するという関心のもとで研究が蓄積されてきた。そのひとつの例として、おおざっぱなくくりであるがいわゆる近代家族論をあげることができよう。こうした研究においては、近代家族の歴史的相対化というように認識論的には刷新が図られたものの、方法論的にはあるいは理論的な道具としては「標準理論」のアイデアが引き継がれているといえよう。

しばしば構造機能主義批判という文脈に位置づけられる近代家族論においては、構造や機能というキーワードを用いること自体が控えられていたような時期もあったように思われるが、たとえば、近年の家族問題を「機能不全」という観点から論じた山田（2005）の研究などは機能主義的家族論の徹底化とでもいえるようなものであろう(14)。

さらに、「家族」概念を使用せず「親密な関係」や「親密圏」といった代替概念による文字通りオルタナティブな研究のあり方を提案する「概念の放棄」においても、また、「家族」概念の適用範囲をさまざまな対象に広げる「概念の拡張」においても、構造と機能とを結びつけることによって家族社会学の研究対象を分節するという論理は踏襲されている。「親密な関係」が「家族」に代替可能であるのは、これまで家族に結びつけられてきた機能を家族以外のさまざまな関係に結びつけることが可能だからであろう。また、さまざまな範囲や対象に家族の概念を拡張する際に前提とされているのは、それらを等しく家族として分節することが可能な機能の存在であろう。いずれの立場においても機能的等価性が鍵となっている。そこでは研究対象の分節化に際して、その構造的側面と機能的側面を結びつけるという手続きが採用されているのみならず、かつて山根（1963）が主張したような「家族の本質」としての機能とでもいうべきアイデアが暗黙のうちに前提とされているかのようにも思われる。

これらの新しい家族社会学の分析視角においては、多様な家族の形態への配慮がなされ、なるほど家族の構造的側面に対する新たなアイデアや展開が図られており、もはや核家族を典型としたような「標準理論」にみられたようなナイーブさは感じられない。しかしながら、それらが前提としている機能的側面に関していえば、「標準理論」の枠組みがおおむねそのままの形で踏襲されているのではないか[15]。

かつて「核家族論争」において機能という論点が脱争点化されたのと同じような事態が、家族の「多様化」や「相対化」をめぐる近年の多くの議論においても生じているように思われる。このことの是非をここで詳しく論じる余裕はないのだが、指摘しておきたいことのひとつは、件のアプローチのうちで「概念の置き換え」のみが、他のアプローチとは方法論的に異なる水準において、この家族社会学の論理をとりあつかおうと試みてきたということである。そしてこの点にこそ、分析視角の「多様化」した現代の家族社会学において、社会構築主義的研究がもつ固有の可能性が切り開かれているのである。

4　構造－機能二分法的理解と人々の方法

「誰が家族なのか？」ということと、「家族は何をしているのか？」ということは、社会学の立場からなされる家族研究が有する基本的な問いである[16]。これまでの家族社会学においては主として構造と機能という観点から論じられてきたこうした問いは、社会構築主義に代表される「概念の置き換え」というアプローチにおいても同様に基本的な問いであるといえる。とりわけ前者に対しては、たとえば主観的な家族認知や定義に着目するような諸研究によって、学術的に把握される家族に収まらない多様な家族のあり方が人々のリアリティを構成していることが指摘されてきた。しかしながら、「概念の置き換え」という戦略の可能性はそうした範囲にとどまるものではない。

主観的な家族認知とは家族の構造的境界の主観的な確定と言い換えることができるが、[17]と同時に、人々がそうした認知を行うにあたっては、そのときかれらが置かれている状況との関わりにおいて個々の家族成員に期待される活動のあり方が志向されているのではないか。すなわち、「誰が家族なのか?」という問いは、「家族は何をしているのか?」という問いとともに、家族を構築する現実の人々の実践に埋め込まれていると考えることができないだろうか。

家族の外部に位置づけられる制度的場面において、家族をめぐる複数の記述間の対立やその政治性に主として着目したジェイバー・グブリアムら(Gubrium and Holstein 1990=1997 など)の家族研究の批判的検討をふまえて、筆者たちは社会構築主義的な家族研究をよりエスノメソドロジー的に展開していくことを試みている[18](木戸・松木 2003)。そこでは人々が「ふつうに家族であることを成し遂げる」過程を把握するためのアイデアとしてエスノメソドロジーにおける成員カテゴリー化分析に着目している。

その発端となった研究においてハーヴェイ・サックス（Sacks 1972=1989, 1974）は「成員カテゴリー化装置」という概念を用いて、状況に適合的な人々のカテゴリー化の様態を問題としたのであるが、そこではある者が誰であるのか（すなわち何者としてカテゴリー化されるのか）ということは、どのような状況のもとで、その者が他の何者と関係づけられているのか、また、そのようなかれらがそこで、どのような活動に携わり合っているのかということの理解とともに成し遂げられるものであるとされる。たとえば「母親」と「子ども」といった成員カテゴリーと成員カテゴリーの関係や、そのようにカテゴリー化されるかれらに期待しうるような、たとえば「世話をする」「かわいがる」「しかる」「甘える」「わがままをいう」等々といった活動との関係は規範的な含意をもつものであり、人々はそうしたカテゴリー間およびカテゴリーと活動との結びつきという規範を用いて家族に関する現実を意味ある現実として作り出しているのである。

そこでは「常に進行中の達成として」（木戸・松木 ibid.：22）家族をうみだす人々の実践を記述し分析することが試みられているのであるが、そのためのひとつの手がかりとして、成員性に関わるカテゴリーとそれに対応する活動とを結びつける人々の手続きに焦点があてられている。

こうした研究が示唆していることは、家族の構造‐機能という二分法的理解が家族社会学者のみならず、その対象である人々が家族を構築し成し遂げていく上での人々自身の方法でもあるということである。「誰が家族なのか？」という問いと「家族は何をしているのか？」という問いは、それらを関連づけることを通して家族を成し遂げる人々にとってのつねに進行中の実践的な課題なのである。

ハロルド・ガーフィンケル（Garfinkel 1967=1989）が行った違背実験のいくつかは、こうした人々による家族の記述やそれを成し遂げる実践を考える上で参考となるだろう。自らを下宿人と仮定して家族の様子を観察し報告するという課題を与えられたある学生は、以下のようにその体験について奇妙な報告をしている。

> 背の低い太った男が家に入ってきた。私の頬にキスし「学校はどうだったい」と尋ねた。私は愛想良く返事した。彼は台所に入って行き、二人の女性のうち若い方の女性にキスし、もう一人に「やあ」と言った。若い方の女性が私に「ねぇ、夕食は何がいい？」と聞いた。私は「別に」と答えた。彼女は肩をすくめ。それ以上何も言わなかった。年長の女性はぶつぶつつぶやきながら台所を動きまわっていた。男は手を洗ってテーブルにつき新聞を取り上げた。彼は二人の女性がテーブルの上に食べ物を並べ終えるまでそれを読んでいた。三人がテーブルについた。彼らは今日あった事についてくだらないおしゃべりをしていた。年長の女性が外国語で何か言い、他の者を笑わせた。（ibid.：46）

この報告における登場人物たち、「背の低い太った男」「若い方の女性」「年長の女性」は、それぞれ「父親」「母親」「祖母」であろうか。この報告においては、ガーフィンケルの指示通りに部外者の視点から客観的に家族の様子が描かれており、登場人物たちの活動やふるまいの詳細が述べられている。しかしながらかれらが何者であるのかを明確にすることなく描写されるそれらは、家族の様子についての報告としては奇妙なものとなっている。

さらにガーフィンケルは別の実験として、今度は家庭において実際に下宿人のようにふるまうようにとの課題を与えたのであるが、そこで「学生たちは家族の者となれなれしくすることを避け、かたくるしい口調で受け答えをし、語りかけられた時にだけ話をしなければならなかった」(ibid.: 49)。それに対して、そのような事情を知らない家族は困惑し怒りをあらわにするとともに、学生たちにこうしたふるまいについての理由説明を求めたという。

こうした実験は、当然知っていると期待されるような背後知識が、日常的な場面を理解し、そこに居合わせる人々とともに適切なやりとりをすることでその場を秩序だったものとするために不可欠のものであるということの例証といえるものであるが(松木 2003)、ここでの文脈に即して考えるならば、いずれもカテゴリーと活動の適切な結びつけに失敗した例として解釈できるだろう。前者はカテゴリー化を宙吊りにした活動の詳細の報告であり、また後者は、家族からその一員としてカテゴリー化されている学生が、その期待に背くような不適切なふるまいをみせたことによる混乱である。

一般に、「家族」という「成員カテゴリー化装置」を組織する成員カテゴリーのリストは親族名称に包摂されている。その意味で、社会的・文化的に構成された親族名称の体系は、家族認知のための主要な資源である。このことはたとえば、近年新しい家族のあり方との関連でしばしばとりあげられるペットとの関係などについてもある程度あてはまるように思われる。いわゆるペットの家族化という現象において生じているのは、家族という関係性の中に「ペット」というポジションが、たとえば「父」や「母」や「子」などと同等に認められるようになったという事態では必ずしもないように思われるからである。むしろそうした現象によって生じているのは、「家族」を構成する言説的資源を用いてペットと人との関係を組織化し理解するという事態であろう。[19]

二〇〇二年の社団法人全日本シーエム放送連盟（通称「ACC」）のCMフェスティバルにおいてテレビ部門の銅賞に入賞したキャットフードのCM[20]では、さまざまな飼い主と猫の組み合わせが紹介されたのであるが、興味深く思われるのは、それぞれの組み合わせに対して、飼い主からみた（と思われる）猫の位置づけがキャプションとともに示されていたことである。それらはたとえば「妹」「初孫」「愛娘」「ひとり息子」等々といったように多くは家族や親族に関わるカテゴリーであった。[21] そこでは「妹」に対しては「姉」、「初孫」に対しては「祖父」、「愛娘」に対しては「父」、「ひとり息子」に対しては「母」というように、飼い主たちは猫に与えられたカテゴリーに補完的なカテゴリーによって同定可能な描かれ方をしていた。[22]

さらに「飼うというより、一緒に生きている」という表現によって締めくくられるこのCMにおいては、そこに登場する飼い主と猫の関係のあり方に結びつけられるべき活動のあり方が同時に示されていたともいえる。かれらが家族であると理解可能であるのは、それらの関係を「ペット」と「飼い主」という関係対とそれに結びついた「飼育する／される」といった活動のあり方によってではなく、わたしたちが常識的に家族を構成するものとみなしている成員カテゴリーとそれに結びついた活動（「ともに生きる」など）によってであるといえるだろう。[23]

もちろん、ペットが「ペット」として「家族」を構成するという可能性を否定するつもりはないが、新しく生起しつつあるとされるようなこうした現象においても、それらを家族とみなすにあたっては、常識的に利用可能な資源が背後知識としてであれ用いられていることにはより多くの注意が向けられてもよいだろう。少なくとも概念的なレベルにおいては、家族はその形態の変化などにくらべて変化を経験していないといえるかもしれないからである。ややおおざっぱではあるが、親族であること、ともに生きること、そしてたとえば、世話をすること、情緒的な満足がえられること等々といったことがらは、家族が変わりつつあるといわれる現代社会においてもなお家族を構築し成し遂げる上での重要な資源でありつづけている。

ただし、第1章でも述べたように、社会構築主義的な家族研究においてとりくまれるべき課題は、こうした言説的資源の付置状況を明らかにすることにとどまらない。そうした社会的条件を所与のものとしながら、個々の具体的な場面において、利用可能な資源を技巧的（artful）に用いて人々が家族に関わる現実をうみだす過程を記述し分析することによって、社会的条件と人々の方法との再帰的な関係を把握することが必要であろう[24]（Gubrium and Holstein 1997）。

社会構築主義的な家族研究のひとつの実践的提案は、すなわち、「概念の置き換え」という戦略に組み込まれた理論的含意は、構造と機能とを結びつけるという手続きを研究という実践の場から人々の日常的な実践の場へと差し戻すことにある。家族社会学の論理を括弧に入れて、人々の論理に目を向けるという提案である。家族というものについて考え、理解し、語り、またそれを実践しようとするとき、すなわち、「家族」という概念にもとづいて何事かを成し遂げようとするとき、人々が用いるこうした手続きの具体的なあり方を記述し分析することは、他のアプローチによっては接近することができない家族の現実を明らかにすることへとつながるだろう。

こうした手続きを用いずに「家族」という概念にもとづいて何事かを成し遂げることの難しさを考えるならば、学術的な概念規定を分析に先立って行わないというレトリックは、人々の実践をかれらの視点に即してありのままに観察するという分析的な関心の政治的表明としてのみ受けとるべきものといえよう。

注

（1）こうした提案は、森岡のその後の家族の定義にも引き継がれていくことになる。一九六七年に刊行される『家族社会学』（森岡編 1967：2-3）において家族の果たす機能を個別に列挙するのではなく、「福祉の追求」という「包括的な機能」を担うものとして家族を把握するというアイデアが示される。それまで有賀喜左衛門にならい「生活保障」を担う集団として家族を定義づけてきた森岡は、高度経済成長期以降の勤労者の生活水準の上昇にともない「これでは狭すぎるように思われて不満をおぼえていた」という。一九六〇年代に社会保障研究所との関わりによって「福祉ということを考え始め」、先の「生活保障」に替えて「福祉追求」の語を採用するにいたったという（森岡 1986：2）。

（2）一般に「機能」に対する「構造」はそれを構成する下位システムの地位と役割のネットワークとして概念化されるものであり、家族の「構成」「形態」「構造」といった諸概念にはもちろん異同がある（平野 1994とりわけ第2章）。ただし、家族機能の社会学的な意義を試論的に考察するというこの章では、その対概念といえる「構造」を把握するに際して、それらをひとくくりにしてとりあつかう。ここでは、「機能」という側面を家族の活動性に関わる次元において、また「構造」という側面を存在論的次元においてとらえる。こうした用法の是非および諸概念間の異同については、あらためて考えてみたい。

（3）同様の批判としては、たとえば山根常男（1979）は「家族を「福祉追求の集団」と規定することに慎重でなければならない」と述べ、直接それと明示しているわけではないものの、森岡的な見解を現実の家族のあり方にもとづくものではなく「むしろ期待、願望、当為に基礎づけられた規定である」として批判している（ibid.：3）。それに対して森岡（1986）は理念型としての家族という自らの概念規定の意図を論じることで反論するとともに、家族福祉と社会福祉を含めた他の福祉の異同について述べ、自らの主張する「福祉」という機能の含意を論じている。この点に関しては家族機能論をめぐる森岡の近年のエッセイ

(2008)も参照されたい。

(4)山室はこれを「養育的社会化」と表記している。

(5)近代化にともなう経済的機能の分化、すなわち生産と消費の分離と生産機能の外部化によって生じた公私領域の分離、すなわち家族の私領域化によって、自助と愛情による家族的秩序の発生を論じた庄司洋子(1986)の機能論も、同様に家族(近代家族)と外部社会との関わりにおいてその機能を問題化するものといえよう。

(6)二〇世紀中葉の米国社会学における機能主義は一次的な構造に対して二次的なもの(すなわち従属変数的なもの)として機能を位置づけたが、そうした立場に先立って一九世紀後半から二〇世紀初頭にかけて展開された、機能あるいは活動によって構造が生み出されるという社会過程にむしろ着目する機能主義を新明はこうよんでいる。

(7)山根常男の家族社会学研究をめぐっては、臨床的な立場からの総括的な論考が提出されている一方で(本村 2008;畠中 2009)、池岡義孝(2009)はそれを戦後日本の家族社会学の形成過程との関わりにおいて論究している。

(8)山根の用法では、これは「近代家族」に対する「伝統的家族」といった意味ではなく、キブツのようないわばラディカルな生活様式に対する一般的な生活様式としての家族を意味している。

(9)こうした山根の指摘に、その後の「主観的家族像」(山田 1986)や「ファミリィ・アイデンティティ」(上野 1989)、さらにはそれ以降の構築主義的な家族研究の萌芽をみることができるとまでいってしまってはいいすぎであろうか。

(10)その集大成が『家族の論理』(山根 1972)といえよう。

(11)他方で、戸田貞三以来の「形態的アプローチ」(森岡 1971)という系譜において、こうした森岡の研究のあり方をより積極的に評価することもできるだろう。

(12)「福祉追求」のように森岡の定義においても家族に特有の機能が前提とされ、それが親族網から核家族を分節する理論的根拠になっていることを本章では論じてきたが、山田はそうした森岡の「福祉追求」というアイデアを、「行動の内容ではなく、行動の性質」(山田 1986：55) をあらわすものとして理解できるとして、パーソンズのような定義の方法とは区別している。

(13) それこそ、「主観的」な家族定義という実践において行われていることではないだろうか。

(14) パーソンズの家族論に対するフェミニズムからの批判をめぐって、進藤雄三 (2006：152–153) は、それが特定の家族のあり方を理念的に前提とすることへの「イデオロギー批判として立ち現れた」ことを論じている。近代化のプロセスにおいて (核) 家族の親族構造からの孤立化とそれに応じた機能的な専門化というかれの「基本的認識自体は批判の対象とはならなかった」からである (同注11も参照されたい)。

(15) チールのいうような家族社会学のビッグバンによって家族社会学のパラダイム転換が実際に進行したのかを一九六〇年代から九〇年代までのテキストの分析を通じて考察したスーザン・マンら (Mann, Grimes, Kemp, and Jenkins 1997) は、チールの見立てに反して、むしろ「パーソンズの理論は家族社会学のテキストに深く埋め込まれて」(ibid.：342) おり、構造機能主義的なアイデアが多くの議論の前提となっていることを明らかにしている。パーソンズの乗りこえは果たされえてはいないという指摘である。

(16) たとえばチール (2002=2006) は家族社会学の入門書的な著作の冒頭において、「誰と誰が家族成員なのだろうか」「家族はどのようなことを行っているのだろうか」という問いに加えて、「家族はその他の集団とどのように関わり合っているのだろうか」という三つの基本的問いをあげ、それぞれについての導入的な議論を展開している。「構造」および「機能」という観点から従来論じられてきた第一、第二の問いは、家族という現象を分節する内在的観点に主に関わる問いといえるが、それらに対して第三のものは、外在的観点から家族を分節する問いといえよう。構築主義的家族研究においても同様にこれら三つの問いは基本的なものであるが、本章での議論をややこしいものとしないためにここでは第三の問いをめぐる議論には立ち入らない。

(17)もちろんそれは純粋に主観的なものではなく、そうした実践がなされる状況の函数でもあり、それが行われる状況に対して再帰的（相互反映的）なものとして考えられるべきものであろう。

(18)エスノメソドロジー研究は、一方で、出来事や活動や記述といったわたしたちの生活を形作るもろもろの現象がつねに特定の文脈に埋め込まれたものであるということ、と同時に他方で、それらの文脈が個々の現象によって成り立つものであることを端的に指摘している。諸現象がもつインデキシカリティ（インデックス性／文脈依存性）とリフレクシヴィティ（相互反映性）というこの二つの性質は、社会的秩序を理解する上での鍵となる。そして現象と文脈のこの相互的な関係の形成こそ規範的なものである。さらにいえば、この規範的なるものは、何よりも、それに参与する人々の働きかけを通じた達成である。

これまでの構築主義的な家族研究は、ともすれば定義や解釈の文脈依存性に着目しすぎるきらいがあったように思われる。実際、時代や社会や文化による違い、さらにはより日常的なレベルでも相互行為場面の違いによって同じ人物が自らの家族と認知する人や範囲は異なりうるであろうし、多様な家族の定義あるいは解釈実践が存在することを経験的に明らかにしていくことにはもちろん一定の意義がある。また画一的な概念定義（「核家族」）と理論構成（「核家族論」）家族の「標準理論」）にもとづく家族研究によっては把握することのできない、多様な家族をめぐるリアリティのあり方を示すという「主観的家族定義論」とでもいうべき家族の構築主義的研究は、学史的に図式化するならば、従来型の研究に対する対抗クレイムとしての役割の一端を担ってきたといえよう。しかしながら、伝統的で保守的な従来の家族研究の批判、脱構築にとどまることなく、より建設的かつ生産的に、つまりは経験的に研究を展開していく上でのひとつの選択として、エスノメソドロジー研究のアイデアをより自覚的に組み込んだ構築主義的な家族研究のあり方をそこでは模索している。

(19) その意味で、「レトリック」とよぶこともできるだろう（田渕 1998)。

(20) いなばペットフード株式会社による製品名「親心」のCM「一緒に生きている」。また同様のコンセプトで作られたと思われる製品名「チャオ」のCMにおいても同じような演出がなされていた。いずれも二〇〇〇年代の中頃まで関東圏を中心に放映されていたCMである。

(21) それ以外のものとしては、「仲間」「幼なじみ」「ダーリン」「姑」「伴侶」「ちいママ」が登場した。ジョークであろう「ちいママ」はさておき、「仲間」「幼なじみ」をのぞくすべてを「家族」に関わる成員カテゴリーとみなすことができるだろう。

(22) ここではカテゴリーと活動を結びつける人々の実践を問題としているので詳しく論じることはしないが、「女性は、子供がなくては母親になれない」と述べるロナルド・レインが、アイデンティティについて論じる中で指摘した「補完性」(Laing 1961=1975) と同様のことが成員カテゴリーの適用についても指摘できよう。構造的側面についていえば、家族とそれに関わる関係対はそれを構成する人々が自らや他者をその成員として相互補完的にカテゴリー化することによって形作られる。

(23) たとえば、「愛娘」を「やさしく見守る」「父親」らしき中年男性、「初孫」を「うれしそうに入浴させる」「祖父」らしき初老の男性など、それぞれの猫と登場人物との描かれ方においても、特定のカテゴリーと特定の活動とが結びつけられて示されていた。

(24) エスノメソドロジー研究および会話分析は、トリビアルな現象がもつそのトリビアリティそのものを、具体的な人々の活動を通じた達成として経験的に詳らかにしていく。そうした研究のあり方にならうならば、家族に関わる現象は、どのようなものであれ、つねに進行中の達成である。ここから引き出されるのは、示差的なカテゴリー区分としての家族境界の確定作業（家族認知の研究）にとどまらない、人々の相互的な働きかけを通じた、いわば「差延」としての家族関係の持続的な反復ないしは改変過程への着眼であろう。

第4章

家族社会学のニッチ

1　社会的実験の機会

一九六〇年の『現代家族の研究』に結実する家族問題研究会のメンバーによる一連の調査研究においては、「戦後の社会体制の変化に伴う家族の制度的転換」によって日本の家族に生じた「法的規範と生活の実態との間のずれ」という特殊文化遅滞的状況に対して、それを「社会学的見地からすれば、正に好箇の社会的実験の場」であるとみなすことで、「このような制度の変化を契機とする現代家族の変化をダイナミックに追求すること」が目指された（小山編 1960：2-4）。それにいたる一九五〇年代の日本の家族社会学は、進行する社会変動と制度的転換のただ中にあってその現実のあり方を変化させつつあった家族に対して、文字通り社会学的な分析的まなざしを向けることによって組織化されていく。

そのひとつの例を一九五五年に小山隆を中心に組織された家族問題研究会の発会にみることができるだろう(1)。それから二〇年をへた一九七五年に発刊された機関誌『家族研究年報』の表紙裏には、現在もなお小山による「発刊に寄せて」という文章が印刷されつづけているのであるが、それはつぎのような一文によってはじまる。

戦後の社会的変革、殊に旧家族制度の解体は、家族の実証的研究にとっては得難い社会的実験の機会であり、これによって現実の家族にどのような緊張や問題が発生するかを厳密に検討することは、戦後新たに出発した家族社会学に与えられた一つの重要課題であった。

敗戦と復興、そしてそれにともなう民主化という歴史的出来事を「得難い社会的実験の機会」とみなすことは、従来の価値や規範とは異なる観点から進行中の出来事をとらえ考究することを意味しているのであろう。学問的な意味でも、また実践的に意味においても、一九五〇年代の社会学的な家族研究においては旧体制からの変化を背景として新しい家族のあり方が主題化されていったのである。

それから半世紀をへた今、ここで翻って考えてみたいのは、現代という時代状況が家族社会学にとってどのような「社会的実験の機会」を提供しているのかということである。ここではこの問いを、現代家族をめぐる社会学的研究、とりわけ本書がとりくむ社会構築主義的な研究の経験的なフィールドのあり方をめぐる問いに置き換えて考えてみたい。

2　現代家族と「親密性」

第1章でもふれたように、概ね一九九〇年代以降の家族社会学においては、「多様化」や「個人化」といった表現が家族をめぐる進行中の変化をとらえる語としてしばしば用いられてきた。それが再帰性の高まりや、それを構成する人々の選択可能性の増大と結びついたものとして理解されるとき、家族の変化は、人々の主観的なリアリティ構成のあり方への着目という方法論的な視点の有用性などとも呼応し連動しながら、現代の家族研究のひとつの流れを形成してきたといってよいだろう。「標準理論」以降の家族社会学の「多様化」という文脈のもとで展開されてきた家族と家族理論を再考するというとりくみにとってそうした事態は、現代的な「社会的実験の機会」を構成するものとしてまずはとらえられるかもしれない。

しかしながら、そうした研究の傾向を批判的に考察している久保田裕之は、家族には選択可能性が増大しているとはいえない側面があるとして、その「生存と生活保障」という役割に着目した議論を展開している（久保田 2009）。

規範としての「法的家族概念」の検討を通じて、かれはまず、日本の家族に関する法・制度が、

「個人の生存・生活の維持を第一に家族に担わせたうえで、家族内においては婚姻をモデルとした性的親密性と、血縁者のケアを、居住における生活の共同と結びつけることで、生存・生活保障を実現することを想定している」ことを指摘する（ibid.：82）。さらに、こうした「性的親密性・血縁者のケア・居住における生活の共同などのニーズの複合としての家族概念」（ibid.：83）は、たんに法的な概念であるだけではなく、人々の主観的な家族認知や定義においてレトリカルに用いられているものでもあると述べる。そこでは、家族の選択可能性の高まりとしばしば結びつけられる人々の自由な主観的家族定義が、客観的な「法的家族概念」が対象とする範域を決して超えるものではないということが批判的に論じられているのである。

「生存と生活保障」という役割は、「法的家族概念」においては、その構成要素とされる婚姻と血縁と同居とが重なり合う「積集合」の範囲に限定して家族に結びつけられるのに対して、人々による主観的な「家族レトリック」においては、婚姻、血縁、同居という各要素が「積集合」から「和集合」へと読み替えられることでより柔軟な利用が可能となり、その役割を担う家族概念の適用範囲が拡大されるとともに、各要素の結びつきがレトリックのための資源として利用されることになるという（ibid.：84）。

このように「法的家族概念」を資源とした主観的な「家族レトリック」が成立する条件として、かれはいくつかのことを指摘しているのであるが、なかでも、家族概念のレトリカルな用法が拡大されその有用性が高まる条件として、「親密性の重点化」という事態に言及していることにここでは着目したい（ibid.：85）。人々の日常的な家族定義との関わりにおいて「親密性」が重視されることによって、「性的親密性」が夫婦に限定されないパートナー関係にまで拡張されること、さらに「親密性」が「抽象的な親しさ」にまで脱性化されることによって、家族の範囲は血縁者という範囲にとどまらないものとなる。このように「親密性の重点化」によって、レトリックとしての家族の利便性がより高まることをかれは指摘している。久保田の議論の意図は、かれのいう「親密性家族」とその役割であるはずの「生存・生活保障」の間の乖離を問題化するところにあるが[2]、さしあたってここでは家族をめぐって「親密性」という観点が肥大化しつつあるという認識を確認するにとどめておこう。

3　媒介するのは性愛か？

家族をめぐる現実において「親密性」が重要視されるようになってきたという、こうした文脈のもとで、「親密性」という観点が、分析視角の「多様化」以降の現代の家族社会学を特徴づけるもののひとつとなってきたともいえよう。家族研究と「親密性」への着目という点についてもう少し検討してみたい。

「親密性」を特徴とする人間関係、すなわち「親密な関係」（あるいは関係領域としての「親密圏」）をめぐる近年の議論の系譜には、おおむね二つのものが区別できるが、そのひとつであるアンソニー・ギデンズ（Giddens 1991=2005, 1992=1995, 1999=2001）などの議論においては、近代性の徹底という文脈のもとでの家族に代表される「親密な関係」の現代的変容（再帰性の高まり）をめぐって、主として夫婦あるいは成人のカップルに焦点があてられた。

かれが対象としたのは、いわば性愛の不在を有標化しうるような関係であり、そのような関係における非対称性、不平等性、序列化の自明性といった諸問題の解消の可能性が「親密性の変容」とともに議論されてきた。性愛の近代という文脈のもとで、すなわち、性愛の生殖からの解放という文脈のもとで、性愛を媒介とした関係のあり方が、民主主義、再帰性、相互信頼の獲得のための持続的なコミュニケーションといった観点から論じられる「純粋な関係性」へと変容していくことになる。ギデンズのこうした議論は男性中心主義的で異性愛中心主義的な近代社会におけるジェンダーおよびセクシュアリティに関わる秩序と、そうした秩序によって成り立つ近代家族のあり方に再考の契機を与えるものであり、家族研究に対してもインパクトをもつことになった。

こうしてギデンズは性愛に媒介された成人間の（ヨコの）関係に着目することで、近代家族に包摂しきれないような「親密な関係」のあり方を論じたのであるが[3]、そこでは、親子という関係は相対的に特殊なものとしての位置づけを与えられることになる。「親子関係の権力は根本的に不均衡なものであり、またそれが社会化の過程にとって中心的な役割を果たすからである」(Giddens 1991=2005 : 109–110)。

その一方で、「母子対」に着目したフェミニズム法学者マーサ・ファインマン(Fineman 1995=2003)の議論は、「親密な関係」を考える上で、それがたんに夫婦(や成人のカップル)に対するオルタナティブとしての親子への着目という提案にとどまらず、こうした成人間の性愛を媒介とした関係性理解に対する根本的な批判としての意義をもつものであったという意味でも注目に値するだろう。

ファインマンによれば、米国の家族法は「家族には、男女の性的な結びつきを基盤とする「自然な」形態がある」ことを前提としているという(ibid. : 156)。このような「「家族は性的である」というメタナラティブ」は、家族という関係性を一組の男女の性関係からなるものとみなすとともに、それを「「ヨコの」親密性の制度」とみなすものであるとされる(ibid. : 157)。そうした常識的理解の下では、親子関係は夫婦関係に付随するものとしての位置づけを与えられることになる。

もちろん、いわゆる家族形態の「多様化」やその代替的形態に対する理解の浸透により、現在ではそうした性愛に媒介された夫婦を基本として形成される「核家族」のみを正当な家族とみなす旧来の考え方は廃れつつあるともいえるかもしれない。しかしながら、そうした「新しい家族像とは、せいぜい親密性の性質についての基本的な前提を、たんに再定式化したものにすぎない」と彼女はいう(4)(ibid.：159)。そしてさらに、このような家族を自然かつ常識的なものとして考えることは、「家族が「必然的な依存」の受け皿となるという考え」すなわちその「私事化」という考えと相互に補強し合う関係にあるという(ibid.：180)。

そこでは誰もがその生涯において置かれうる状態として、「必然的な依存」は概念化されている。子どもであれ高齢者であれ障害者であれ、あるいはまた病を患った者であれ、本人の望むと望まざるとにかかわらず、「必然的な依存」という状態は、他者からのケアを必要としている状態である。ファインマンは、第一に、この「必然的な依存」そしてケアが家族に、しかも多くの場合、女性(母親)に割り当てられていることを確認するとともに、第二に、そのような「必然的な依存」に応じてケアを引き受ける家族内の女性が、そうした役割を引き受けるがゆえに、もう一つの依存すなわち男性(夫)への「二次的な依存」という状態に置かれざるをえないという点に批判的なまなざしを向ける。

「特定の構造――すなわち家族内における歴史的、本質的な労働の性分業――を前提として、家族に必然的な依存が割りあてられているという事実」(ibid.：183)に着目すべきとした上で、ファインマンはこうした「依存」を媒介とした関係性を「核家族」ではなく「母子」のメタファーによってより限定的に再定式化している(5)。つまり、そこで主張されているのは、家族のような「親密な関係」を考えるにあたってカップル間の性愛ではなく「依存」のあり方に第一に着目し、それに応じるケアを媒介としたタテの関係性を第一義的なものとみなすということである(6)。

「親密な関係」とその一形式である家族を考えるにあたって、夫婦のような成人間のパートナー関係に着目するか、あるいは母子のような親子関係に着目するかという観点の違いは、それらの関係の媒介項に即して考えるならば、「性愛」と「ケア」、そのいずれに着目するかという問題に置き換えることができるが(7)、こうした議論をいま一度家族社会学という文脈に置き直してみたときに興味深く思われることは、この二つの媒介項が「成人のパーソナリティの安定化」と「子どもの基礎的な社会化」というタルコット・パーソンズのいう「核家族」の二つの機能におおむね一致するということである。ギデンズのような性愛に着目する議論においては生殖を介してケアがそれに付随して発生するものとみなされているという意味では、そこで想定されている「親密な関係」はその構造上「核家族」と変わるところはない。

それに対して、ファインマンのようなケアに着目する議論においては、性愛とは切り離された次元において想定可能な関係がよりいっそうラディカルに主題化されているといえるだろう(8)。そこでは「核家族」の二つの根本的機能を切り離し、一方を捨象して他方によって構成される「母子」というユニットに着目することで概念としての「家族」の再分節化が図られているといえよう（久保田 2009）。

4 「家族」から「親密圏」へ？

ファインマンの主張は、「母子」や「母親」というメタファーをあえて用いることによって、家族の中に私事化されてきた依存／ケアを可視化することを狙うものであるが、そうした議論の検討をふまえた上で、齋藤純一はそれでも「「家族」という言葉を用いるかぎり、依存の私事化を批判しようとするファインマンの意図に反して、「必然的依存」はやはり身近にいる特定の人々によって引き受けられるべきであるという含意を払拭することは困難であろう」（斎藤 2003：191）と述べる。「依存する他者へのケア」を考えるにあたって「家族」概念を使用することの限界を指摘するのである。

性別分業に代表される近代の社会秩序を支えてきた客観的条件が失われていく現状をふまえて、ジェンダーの平等やセクシュアリティの自由との関わりにおいて、「ケアを私事化する秩序のあり方を問い直し、それを公共的なものにひらいていくために」（ibid.：188）、かれは「家族」に代替する概念として「親密圏」というアイデアを提案する。

それは、特定のセクシュアリティによる結びつきからも、また、生命／身体に関する閉域の設定からも比較的自由であり、それが描く関係性のなかには、一対の関係に限定されないセクシュアリティや人びとが必要に応じて他からの支援を導き入れながら互いをケアする関係性が含まれうる（ibid.：191）

依存とそれに応じるケアという活動は非対称的な関係を形成する。そのような「ケアの関係性においていて重要なのは、関係の非対称性がいかに支配のないものとして維持されうるかということである」と述べる齋藤は、「非対称的でありながらも相互性を維持すること」および「関係性から「退出」しうる条件」を確保することが重要であると論じている（ibid.：192）。であればこそ、ケアを家族のような私的で閉じた関係に固定化することなく、より多様な関係性のなかに配置し直していくことが求められるのであろうし、また、そうした関係性を包括しうるような概念として「親密圏」という提案がなされているのであろう。

しかしながら、このとき家族は社会的にどのようなものとして位置づけられるのであろうか。ケアに媒介される関係を考えるにあたって「親密圏」という新たな道具を手に入れたわたしたちは、概念としての「家族」をもはや用済みの古い道具として放棄すべきなのだろうか。

家族を「親密圏」に代替することによって、より広い多様な人々によって構成されうる関係に依存／ケアを位置づけることが可能となる。しかしながらその一方で、当の家族が久保田（2009：86）のいうように、その定義の重心を「親密性」へと移すことによってその適用範囲を拡張し、「ずっと多様でありうる人々の関係を「家族」の中に切り縮め（中略）、「家族の多様化」ならぬ〈多様性の家族化〉とでもいうべき」事態が進行しているとするならば、新たに設定したはずの「親密圏」が、再度家族へとの回収されるような事態（再家族化）が生じかねない。家族とケアの結びつきは思いのほか強いということか。

こうした事態は一方で、「ケア行為を語る語彙の貧困」（岩渕 2009：294）として批判的に検討されるべき課題でもあろう。しかしながら、重要なのは、そうした現状をまずは所与のものとした上で、家族に結びつけられるケアと、それをはみ出す家族に回収されないようなケアをめぐる言説の可能性について経験的に探ることにこそあるのではないだろうか。

かつてその先駆的な研究において、人々の主観的な家族の境界規定のあり方を考察した上野千鶴子は、個々人の選択可能性が増大したことによって可能となったかにみえる、伝統的な実体的基盤を喪失した現代家族の「ファミリィ・アイデンティティ」の考察をふまえてつぎのように論じている。

> 自発的で選択的な関係——したがって結成も解消も可能な関係——を、人は「家族」とは呼ば

ないということ、したがってある選択的な関係が「家族のような」という比喩で呼ばれる時には、その関係の基盤を選択的なものから運命的なものに置き換えたいという動機が働いているということ（上野 1991：35）

家族を「純粋な関係性」として、すなわち関係のための関係として選択することはできるのだろう。しかしながら、「いったん選択された関係が持続への志向性を孕むとき、それが「運命の呪縛」として感受される」（吉澤 2000：88）プロセスを見逃すわけにはいかないだろう。その関係が解消不可能なものであるというファンタジーが規範的に求められるということである。そしてそれは選択の可能性が高まれば高まるほどに、逆説的により強固なものとして求められることになる。これは家族に限ったことではなく、代替不可能な他者との関係一般（もちろん「親密圏」も含まれる）に指摘できることであろう。

ただし、こうした考察によっても、そうした関係がなぜほかでもない「家族」とよばれるのかは明らかにならないと述べる上野は、家族が家族であるミニマムの理由を「家族の臨界」とよぶとともに、端的に家族以外にわたしたちが「再生産の制度」をもっていないという事実に言及する。

再生産の制度としての「家族」の意義は、今日に至るまでなくなっていない。「家族」を「個

人」に還元することができないのは、この「依存的な他者」を家族が抱え込むからである。（上野 2008：34）

その上で、上野が主張する「ケアすることを強制されない権利」に支えられた「ケアする権利」と「ケアされることを強制されない権利」に支えられた「ケアされる権利」という「人権としてのケア」（上野 2008：34）という提案は、齋藤のいう「「退出」のオプション」（齋藤 2003：192）を家族に確保する試みともいえるだろう。

ケアと家族あるいは「親密圏」というこうした議論は、かつての「核家族論争」（第2章参照）や家族の本質的機能をめぐる議論（第3章参照）を想起させるものともいえる。分析対象とする人々の集まりを「家族」とよぶにせよ「親密圏」とよぶにせよ、そこでは第一にケアという活動／機能に焦点があてられるとともに、構造ではなく機能を優先した定義が採用されている（Fineman 2004=2009）。こうした点にここでは着目したい。

ただし、そうした家族の概念規定のやり方に従うという意味ではない。本書においては、「概念の置き換え」という立場から、人々がどのようにして家族であることとケアという活動とを結びつけているのかということに焦点を合わせていく。「再生産の制度」であることを根拠として家族に着目するというロジックを採用するのではなく、とりわけケアという活動との関わりにおいて「家族」という概念が人々の生活や関係を組織化する上での「解釈の基礎として重要な役割を果たしている」(Gubrium and Holstein 1990=1997：325)と考えるがゆえに、「親密圏」ではなく、概念としての「家族」に方法的に着目する。

子育て支援の多様な実践をめぐる松木洋人の一連の研究からは、職業的保育者をはじめとするそうした支援の提供者たちが、「子どものケア責任を家族に帰属する」論理(「家庭性の論理」)によって、ときに自らの行為を正当化し(松木 2009：165)、またときにそれによって疎外される状況が描かれている(松木 2005：43-44)。家族とケアの結びつきは、家族関係をその内側から組織するだけではなく、家族以外の専門家によって提供されるケアの現場においても、当のケアの質を評価する際の規範的な資源としてしばしば用いられるものといえよう。

家族を相対化し、それにとらわれない多様な「親密圏」の形成可能性をうながすという提案に異論はない。しかしながら、そのことは家族社会学のような経験的な研究領域において、もやは「家族」という概念は不要であるということを意味するわけではない。「私たちは家族を、親密な関係の理解にはもはや、まったく役に立たない方法だとして捨ててしまうべきだとは思わない」と述べるジェイバー・グブリアムとジェイムズ・ホルスタインにならい、社会構築主義的な視角から「家族」をあらためて「社会を組織化する一方法として位置づけ直」すことによって考究すべき問題があると思うからである(9)(Gubrium and Holstein 1990=1997：312)。

5 「脱私事化」と家族の秩序

公私分離した近代社会においては、生産労働と再生産労働がそれぞれの社会的領域にそれぞれのジェンダーをともなって配置されてきた。日本においてそうした社会と家族のあり方が一般に浸透しはじめていったことが戦後の家族社会学にとっての、あの「社会的実験の機会」を構成していたとするならば、そのようにして形成された社会と家族のあり方は、現在進行中のケアの社会化とそうした状況の下で生じている家族の「脱私事化」という事態のなかで、新たな変化を経験しつつあると考えられるだろう。本書においては、ここに現代の家族社会学にとっての「社会的実験の機会」をみいだしたいと思う。

一方でケアという活動が家族に結びつけられ帰責されるという状況の中で、他方でそれを社会化していくという企ては当の家族や社会にとってどのような意味をもつのか。家族が依存する他者のケアによって成り立つとするならば、その社会化は、たんに家族が有するとされてきた機能の社会的代替以上の負の意味をもちうる。そこに家族としての価値が剝奪される可能性があるからである。ここに家族の秩序の存在論的な不安定化が生じるのではないか、ということが、ここでの作業仮説である。知的障害者家族をめぐって中根成寿は、家族がもつ「介護者への強い指向性」を「ケアへ向かう力」とよぶとともに[10]、親自身のアイデンティティとも結びついたそうした力が、親たちの示す「社会化への違和感」を生んでいるのではないかと述べる（中根 2006：146-147）。それゆえに、かれは単純な「社会化」ではなく、ケアを媒介として構成される家族に配慮した「ケアの社会的分有」を提案している。

近代家族において、自明視されるがゆえに潜在化されてきた家族とケアの結びつきは、その社会化を通じて、むしろ逆説的に焦点化されてきたともいえるだろう。またその一方で、ケアの社会化が論争的でありうるのは、ケアを媒介とした家族の秩序が現在もなおリアリティを有するからでもあろう。「家族とケア」という主題は、近年の日本の家族社会学においてひとつの研究潮流を形成してきたものでもあるが、それらの研究動向をふまえて、田渕六郎は「ケアそのものが家族ダイナミクスのなかでどのように組織化されていくのかについて、家族社会学独自の研究視点を明確にしていくことが求められる」今後の課題であると述べる（田渕 2006：952）。かれも指摘するように、ケアとの関わりにおいて現代の家族に経験的に接近していくことは、家族社会学がその対象としている「家族」というもののあり方を理論的に再考していくことにもつながるはずだ。

「家族」の範囲に収まりきらない「親密な関係」の可能性と、「親密性」に担保されるわけではないような「家族」の可能性とを考慮に入れつつも、それでもなお「親密な関係」の一形式としての家族に着目していくこと。そして、あえて戦略的にそうした関係の媒介項としてケアに着目すること。現代の家族のあり方を経験的に記述し分析していく上で、本書はそうした立場をとりたい。そのようにして、概念としての「家族」とケアとの規範的な結びつきにまずは着目し、しかしながら、そうした家族を進行中のケアの社会化という文脈の下に位置づけることによって、こうした事態が現代の家族に対してどのような影響を与えているのか、そして、そのような事態のなかで家族はどのような変容をきたしているのか、あるいはいないのか、こうした問いに応えていくために、現実の家族の、あるいは家族をめぐる人々の、日常的な実践に目を向けていく。

ケアの社会化という現象は、それ自体が私事化されてきたケアを「脱」私事化していくものとしてとらえることができるものであるが、同時にそれは、ホルスタインら（Holstein and Gubrium 1995, 2000a, 2000b）が指摘するような、現代社会における家族や人々の経験の「脱私事化」の構造的な条件のひとつとみなすことができるものである。その関係の内部において担われてきたケアを社会化していくことによって、家族はケアという活動を媒介として、外部の専門家との関わりを強めていくことになるが、同時にこうした事態の中で、家族は「脱私事化」のエージェントとしてのかれらによる「解釈実践」に巻き込まれていくことになるだろう。

ケアの社会化とそれにともなう家族の「脱私事化」という事態を現代の「社会的実験の機会」とみなす本書においては、制度としての福祉と家族が交差する場を、経験的研究のためのニッチとして戦略的に位置づけたい。

注

（1）家族問題研究会はその後二〇〇八年に名称を「家族問題研究学会」に変更されている。

（2）それゆえ久保田は、「多様化」「個人化」できない家族の側面に注意を促すとともに、性愛、ケア、居住、生存といった構成要素からなる「複合的家族概念の分節化」（久保田 2009：86）を提案している。

（3）近代社会を「インパーソナルな関係の増大とパーソナルな関係の深化」という観点で特徴づけるニクラス・ルーマン（Luhmann 1982=2005）の議論においても、「人と人との相互浸透」による「親密な関係」として想定されているのは主として成人の男女であろう（ibid.：11-12）。

（4）そのひとつの例として異性愛主義にもとづかないパートナー関係の問題を考えることができるだろう。この点に関して、たとえば、志田哲之はいわゆる「同性婚」をめぐって、それがジェンダー不平等を内包した異性愛者の制度の再生産であるとの観点から批判的な議論を展開している（志田 2009；牟田 2006も参照）。

（5）こうした提案は、前提としての性分業を無効化するとともに、いわゆる夫婦間の役割の平等化、すなわち稼ぎ手役割とともにケア役割をも均等に「分担」するといったこととは根本的に異なるやり方で、ジェンダー平等を求める戦略として理解することができるだろう。

（6）「親密性」という概念こそ用いられてはいないものの、かつて正岡寛司が主張した「母子血縁公共家族」（正岡 1981）というアイデアも同様に性愛の重要視を批判し、母子というユニットに着目するものであった。日本においては高度経済成長期をへて「家族の戦後体制」(落合 1994)が確立し、つまり近代家族という家族のあり方が広く社会に浸透し、しかしながらそうした家族と社会のあり方にほころびが指摘されるようになった一九八〇年代に、正岡は社会の合理化の徹底の帰結として、過剰に私的なものとされるにいたった家族が、男女の性愛によってのみ組織化されるようになったことを問題視し現代家族批判を展開している。

(7) このことはまた家族を考えるにあたって、その生殖家族としての側面と定位家族としての側面のいずれに第一義的な意味を与えるかという問いに置き換えることもできるだろう。

(8) ふりかえってみれば、こうした対立軸は夫婦とそれに付随する子どもからなる「核家族」か、あるいは「母子ダイアド」かという観点から、「核家族論争」においても争点化されたもののひとつであった(第2章参照)。

(9) グブリアムたちのこうした提案においては、第1章で「概念の放棄」との関連でとりあげたジョン・スカンゾーニら(Scanzoni et al. 1989)への批判が含意されている。

(10) 同様に、井口高志は「介護者が要介護者に対して強く介護・ケアを志向してしまう事態」を「家族介護の「無限定性」」とよぶ(井口 2007:147)。

第5章

家族であることを支援する――「家族支援」の技巧的な実践

はじめに

少子高齢化や女性の社会進出等の進行との関わりにおいて、家族のケア機能の脆弱化が指摘されるようになって久しい。こうした問題化は、「ケアの社会化」による家族への支援を進めていく上での基本的認識のひとつといってよいだろう。ケアの社会化は、高齢者の介護等の過酷な労働を図らずも囲い込んできた家族や、排他的に子の養育を担うことで消耗してきた母親らをその負担から解放する契機となる。けれどもその一方で、福祉サービスを利用することへのためらいや、利用していることについての罪悪感などがなくなったわけではない。

ここではそれらを家族という関係のあり方との関わりにおいて考えてみたいと思う。そうした家族の否定的な感情や抵抗は、支援を提供する側にとってみれば、円滑な援助実践の遂行を妨げる要因のひとつにもなる。ケアの社会化が家族にもたらしているものは何か？　それは適切な支援をいかに遂行していくかという課題とともに問題化されているのである。

本章では、具体的な援助場面の観察を通して、支援者が行っているこうした抵抗への対処実践を記述し考察していく。以下では、まず社会福祉の文脈における「家族支援」概念について検討し、それが家族に対する「機能的代替」という性格をもつものであることを指摘した上で、そのような福祉的支援が近代家族に対してもつ含意について論じる。

つづいて、本研究におけるフィールドワークの概要を述べた上で、そこで観察されたある高齢の女性利用者（彼女は「重度の障害をもつ成人子の母親」でもある）のケースにおける支援者の援助実践が、そうした機能的代替以上の意義をもつと同時に、彼女からの抵抗への対処実践としても理解しうるものであることを指摘する。さらに、この利用者の息子の施設入所という議題が提起されたカンファレンスでの関係者間の立場と認識の相違を検討し、あらためて支援者が行っていた援助実践の意義を確認する。

こうした考察をふまえて、今日の家族の規範的なあり方について議論する。

1 「家族支援」と現代社会――機能的代替と家族の「脱私事化」

日本の社会福祉政策をめぐる諸議論において、家族に対する社会的支援の重要性が明示的に語られるようになったのは近年のことといってよいだろう。日本の社会福祉政策における家族と個人の位置づけの変遷を検討した藤崎宏子は、一九九〇年代にいたって、「福祉政策における家族の捉え方が「抑制の論理」から「支援の論理」に大きく転換した」ことを指摘している（藤崎 2000：119）。いわゆる日本型福祉社会論に代表されるような「抑制の論理」において家族は、生活保障機能を前提とし、その成員である個人のニーズを自助によって処理しうるものと期待される。それゆえ社会福祉の対象は、そのような家族をもたないか、あるいは家族が期待される機能を果たしえない境遇にある者とされてきた。それに対して「支援の論理」への転換は、その対象を、何らかのニーズをもつ個人から、そうした個人を抱える家族にまで拡張しているという点に特徴がある。

こうした論理の転換は、社会福祉基礎構造改革以降の現在の社会福祉のあり方を特徴づけるもののひとつであるが、その背景には、現代の家族がもはやかつてのような機能（ないし力）を有していないという、家族の機能的脆弱化という認識をみてとることができるだろう[1]。

家族の変容という現状認識とその対応策としての支援という図式が、わが国における「家族支援」の基本的なロジックである。たとえば、「家族の社会的支援のために」という副題が付された『平成八年版　厚生白書　家族と社会保障』では、家族を「その構成員の生活を維持し、保障するという生活保持機能を基本とする」ものと規定した上で、「生産・労働機能、養育・教育機能、および扶助機能」からなる「生活保持機能」を現代の家族が失いつつあることが、戦後の家族変動過程を検討することで指摘されている。その上で、こうした家族の失われた機能を補足することによって家族を支援することの重要性が論じられるとともに、社会保障制度を「家族の機能を補完する役割を果たす」ものとして位置づけている。なかでも、少子高齢化の急速な進展や女性就労のあり方との関わりにおいて、介護や育児などのケアに関わる機能の補完という社会福祉的な対応が、重要かつ緊急な課題として指摘されている（厚生省 1996：152–153）。

こうした議論に代表されるように、現代の日本社会において「家族支援」が意味するものは、しだいにその基本的機能を果たしえなくなりつつある家族に対して、その不足分を補うような「機能的代替」としてまずは理解できる。社会福祉の文脈における家族支援としては、たとえば所得保障や生活保護等の経済的な社会保障制度が直接・間接的に家族への支援として機能することももちろん想定できるが、ここではケアに関わる福祉的「家族支援」に限定して検討を進めていく[2]。ケアという活動と家族という関係の間に含意されている規範的な結びつきに着目したいがためである。

近代家族論の知見によれば、家族（近代家族）は、ケア活動を内包するとともに不可視化することによってその秩序を維持してきたという側面をもつ（山田 1994）。このことは、家族関係においては、ケア活動の不在がネガティブな意味で有標化されうるということを意味している。制度的な観点からみると、ケアは第一義的には家族という私的領域における活動として配分され、その担い手としての「女性」が家庭内に配置されてきた。

家族のこうしたあり方をふまえるならば、機能的脆弱化という認識のもとに進められつつある社会福祉的「家族支援」としての「ケアの社会化」の進展は、不可視化されてきたケアという活動を可視化するとともに、公私という社会的領域区分を再編する可能性を含意しているという意味で、現代的な社会変動の一端としても理解することがでるだろう。第1章および第4章において論じたように、こうした事態は社会構築主義的な視角からは家族の「脱私事化」(Holstein and Gubrium 1995, 2000a) としてとらえることができる。社会福祉政策における家族の機能的脆弱化という現状認識と普遍主義への理念的転換を前提とするならば、現代社会における家族は、制度としての福祉との関わりをますます強めつつあるとみなしうる。家族の福祉への埋め込みが進行しているのである。

福祉への埋め込みという趨勢は、制度的には家族の脱近代化の進展としても理解できるものであろう。けれども、ケアと家族の規範的な結びつきが日常生活を営む人々にとってなおもリアリティをもつとするならば、ケアの社会化が家族にとって何らかの否定的な含意をもち困難な経験をもたらすということも予想される。それは「脱私事化」と「家族であることのリアリティ」との間に生じる「緊張」として把握することができるだろう。

本研究の基本的な問題関心は、ケアを媒介とした福祉と家族における、「再配分/承認のジレンマ」(Fraser 1997=2003) の一形態ともいえるこうした「緊張」を記述しその意味を理解するとともに、その解消の方途を探ることにある。

家族の機能的脆弱化とともに進行する社会の構造的条件の変化が、人々の意識や価値観の変容を促すという可能性もある。しかしながら、家族というものの価値変容がその実態的変容にくらべてより緩慢であるとするならば、その溝を埋めるような日常的な技巧（artfulness）が求められるのではないだろうか。そして、そうした技巧的な実践の中に、この「緊張」を解消するための手がかりをみいだすことができるのではないか。

そうした実践は、支援される家族の側のリアリティ・ワークのあり方としても、また支援する側の援助実践のあり方としても問題化できるものであるが、ここで着目するのは後者である。(3) 支援者にとっては、「機能的代替としての家族支援」という政策理念あるいは基本的ロジックを前提としながらも、それをいかに適切に執行していくかが文字通り実践的な課題であり、かれらにとっては政策理念に対する利用者（家族）からの抵抗という形で「緊張」は生起するだろう。以下では、ある高齢の女性に対して提供されていた支援のあり方を事例としてとりあげ、可能なかぎり詳細に検討していく。

2 ケース概要と方法

筆者は、二〇〇二年の夏に約二ヵ月間にわたって、首都圏近郊の社会福祉法人Aにおいてフィールドワークを実施する機会をえた。社会福祉法人Aの事業内容は多岐にわたるが、その内のひとつである「地域社会における福祉相談事業（仮称）」（以下、相談事業）において、いわば「見習い相談員」的な資格においてスタッフとともに業務に従事した(4)。

この相談事業は、たとえば介護や介助のような身体的な援助提供を目的としたものではなく、担当相談員による週一回ほどの訪問による見守り等がその主たる内容であった。その時点で、利用者は十数名おり、そのほとんどが一人暮らしの高齢者であった。以下でとりあげるBさんは、この相談事業の利用者の一人である(5)。

2-1　ケース概要

まず、Bさん自身の概要について簡単に述べておきたい。二〇〇二年八月の時点で、Bさんは、七〇歳代であり、すでに要介護1と認定されていた。重度の障害をもつ四〇歳代の一人息子と公営住宅に暮らし、夫は約二〇年前に他界していた。夫の生前よりこの公営住宅に居住してきたかれらは、長期間にわたって同一地域を生活の拠点としてきたといえる。Bさんは、結婚する以前には仕事に就いていた経験があるが、結婚して以降は専業主婦として生活してきた。

定位家族に関していうと、三人姉妹の末っ子であり、同一都道府県内に実家があるが両親はすで

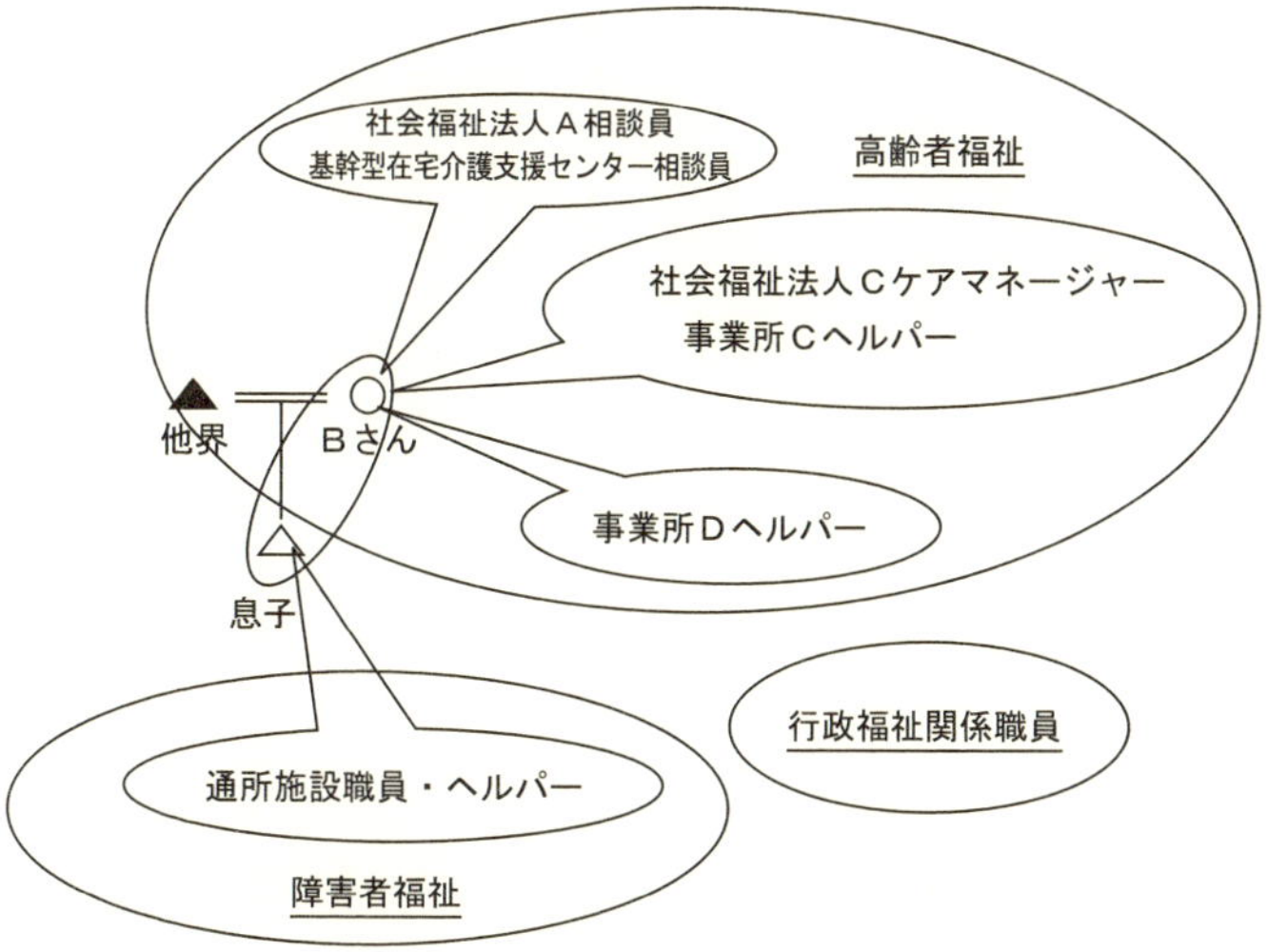

図１　Ｂさん親子への支援の状況

に他界し、次女の姉がそこに居住していた。長女の姉については、その時点では交渉がなく、消息もわからない状態であった。同居している息子を除くと、Ｂさんの家族・親族関係の中で交流がある者は次女の姉のみであり、ときおり電話をかけあったり、また姉がＢさん宅を訪れる機会もたびたびあるとのことであった。また、死別した夫の親族とはほとんど交流がない状態であった。

このケースに対する社会的支援は、Ｂさん自身へのものとＢさんの息子へのものが、それぞれ主として高齢者福祉と障害者福祉の立場から提供されていた。Ｂさん自身に対する支援は、筆者が関わった社会福祉法人Ａの相談事業による週一回の訪問に加えて、介護保険を利用したホームヘルパー（以下、ヘルパー）による週二回の家事援助が行われていた。

ヘルパーは社会福祉法人Cの事業所と別の民間事業所Dから各二人ずつ派遣されており、社会福祉法人Cのヘルパーによる訪問は、筆者が関わった相談事業の訪問と同時に行われていた。Bさんの担当ケアマネージャーは社会福祉法人Cが業務委託されている地域型在宅介護支援センターの相談員でもあり、しばしば訪問もしていた。加えて、当該地域を管轄する基幹型在宅介護支援センター（社会福祉法人Aに業務委託）のスタッフも民間事業所Dのヘルパーに合わせて、しばしば見守りのために訪問していた。[6] また、Bさんの息子に対しては、週五日のデイサービスのための通所施設の職員とその送迎時のヘルパーが関わりをもっていた（図1参照）。

2-2　方法と記録

Bさんに対する相談事業の相談員と社会福祉法人Cの二人のヘルパーによる訪問ならびに援助提供は、毎週決まった曜日の午前中に約二時間かけて行われており、筆者は計七回それに同行した。実際の援助場面において筆者に割り当てられた役割は、Bさんの話し相手であったが、同時に相談員やヘルパーとBさんのやりとりの様子を含めて支援者たちがそこで行っていることを直接観察することができた。

加えて、Bさんケースのカンファレンスに参加する機会も与えられた。筆者が関わりをもった期間には計三回のカンファレンスが開催され、そのすべてに参加した。それらはすべて「Bさん母子」ケースに関するものとされており、Bさんへの支援者、息子への支援者、および行政の福祉関係職員という複数の関係機関の担当者によって構成されていた。

訪問に際しても、またカンファレンスへの参加に際しても、そこで筆者が採用した方法は基本的には参与観察である。そして質的に異なるこれら二種類のコンテクストにおいて収集した情報の記録にもとづいて作成されたフィールドノーツが本研究における分析のための素材である。

記録はすべて筆者の筆記によるものであり、精確かつ再現性の高い録音や録画といった方法は用いていない。訪問時にはその場でメモをとることはしておらず、記録は訪問から戻った後に事務所において作成したメモにもとづいている。その内容は利用者であるBさんとの談話の内容や支援者とBさんのやりとりなどを含む訪問の観察記録、さらに事務所での支援者とのやりとりやケースファイルを閲覧した上でのメモ等を中心に構成された。また、カンファレンスへの参加に際してはその場でメモをとることが可能であり、担当者間の議論の内容ややりとりの様子を記録した。さらにフィールドワーク終了後に収集した情報の利用許可の交渉をかねて行った各関係者への聞きとりの記録（筆記による）も本研究のフィールドノーツに組み込まれている。(7)

3　支援の困難性について――訪問への同行

相談員とヘルパーによって提供されていたBさんに対する支援は、彼女の日常生活の基本的なマネジメントに関わるものであった。相談員はBさんの苦情も含めたさまざまな話を聞くとともに、それに応じた助言を行い、また二人のヘルパーは食事の支度と洗濯物をたたむことなどを含めた部屋の掃除をそれぞれ分担して行っていた。

Bさんは障害をもつ息子の母親として四〇年以上にわたって、夫との死別以降は二〇年以上にわたってその息子と二人で生きてきたという生活史的背景をもつ。筆者が関わりをもった時点で、Bさんは外部の人間に対して強い不信感や猜疑心をもっているとのことであり、この点については筆者も訪問に同行するにあたって、担当相談員から留意するように求められた。

担当者によると、Bさんについてはそもそも支援を開始するまでのプロセスが難航したとのことであり、このことは閲覧したケースファイルからも確認できた。Bさんへの支援が開始されるまでの間、とくに夫と死別して以降、家族・親族以外で関わりのあった者は筆者の知るかぎり行政の福祉関係担当者とボランティアを含めた息子の通所施設の職員、およびかかりつけの医師のみであった。いうなればBさんは世話が必要な息子の母親であること以外に、自らを同定するカテゴリーや役割を有していないかのようであった。(8)

Bさん自身が支援されることに難色を示し、その開始が遅れた背景にはさまざまな偶発的な要因があると思われるが、ひとつには支援を受け入れるということが、Bさんの母親としての自己規定に抵触する可能性があったからではないかと推測する。現実には掃除や料理などをはじめ息子の世話に関しても、Bさんにはできないことが多くなりつつあることは明白であり、またBさん自身もそのことに対してはある程度自覚的であることがうかがわれた。

だが、Bさんにとってはできないということを認めることが、母親として不十分であるということを含意してしまうのだとすれば、支援されることに対して難色を示すということにも納得がいく。つづいて検討するように、Bさんに対する援助はこうした彼女からの抵抗への対処実践という意味を含みつつ提供されていた。

3-1　支援の技法：二重の支援

ここでは主として二人のヘルパーが行っていたことについて検討する。ヘルパーによる支援は、食事の支度と部屋の掃除といういわゆる「家事援助」であった。こうした支援のあり方は基本的に機能的代替という性格をもっており、それらを自分自身ではできなくなりつつあるBさんに対して、彼女の活動の不足分を補うものであったとまずは理解できるだろう。

一般に「家族支援」として理解されているものは、専門家による子どもや高齢者などへの直接的なケア提供が、家族の中のケア提供者の機能の代替ないし補完となるとともに、間接的にそれがレスパイトとしての意義をもつものとして提供されている。(9) その意味では、本人に対して直接的な支援が行われていたこのBさんのケースは、そうした一般的な「家族支援」とは異なる類いのものであるともいえる。しかしながら、Bさんへの支援は、高齢者である彼女自身の生活支援という範疇を実質的には越えたものであった。

介護保険を利用して提供されるヘルパーによる援助は、通常、利用者本人に対して提供されるものであるが、Bさんのケースに関しては、実質的には息子に対する支援としても理解可能なものであった。とくに食事の支度に関しては、(息子の分まで) 多めに調理するということもしばしば行われていた。また他の部屋の掃除等も含めたヘルパーによる援助は、たんにBさんの活動の代替であるだけではなく、「母親としての」Bさんの活動の代替という意味をもつものであったとみなすことができる。

息子の存在を考慮に入れるならば、Bさんにとっては食事の支度も部屋の掃除も、いずれも母親としての役割にもとづく機能的活動の一環として理解することができるだろう。Bさんにとってそれらは自らが母親であることを自分自身にとっても、息子に対しても、またそれ以外の他者に対しても、理解可能なものとする活動のひとつであったと思われる。つまり、Bさんはそれらを含めた息子の世話を行うことを通じて、母親であるということをこれまでの生活の中で実践的に成し遂げてきたのであろうと思われる。

ある者が何者であるのかということに関わる、すなわち成員性に関わるカテゴリー（成員カテゴリー）について論じたハーヴェイ・サックスは、個々の成員カテゴリーに対して、それに慣習的に帰属させられる活動を「カテゴリーに結びついた活動」とよんでいるが（Sacks 1974）、このケースに関していえば、「食事の支度」や「部屋の掃除」は、いずれもBさん自身による「母親」というカテゴリー化、すなわち「母親」としての自己規定と結びついた活動のひとつであると考えることができるだろう。

母親であるということが、母親として適切とされる活動を担うことを通じて成し遂げられるものであるならば、それらの活動を他者の手に委ねることは、母親であることそれ自体に対して否定的な含意をもつことになる。言い換えれば、本人の不足分を補うという機能的代替としての支援は、それ自体は正当な援助であるにもかかわらず、Bさんの母親としての価値剝奪を導くという意味では不適切なものとなりかねないものであったということだ。フィールドワークを通じて筆者は、この点からBさんの支援されることに対する抵抗と支援者による援助実践の困難性を理解した。

しかしながら、ヘルパーたちによる援助はこうした否定的な含意をBさんに与えないような工夫とともに提供されていた。食事の支度に関しては、たとえばそれによってBさんが息子と一緒に食事をとることができるように、また部屋の掃除に関しては、通所施設から帰宅した息子と気持ち良く過ごすことができるようにといったように、それらの援助はいわばこの親子の「共食」や平穏な「団欒」のためにというもう一つの意味を付加しつつ提供されていた。そこでは母親であることの規範的な適切性を、本人がこれまで担ってきたいくつかの活動（食事の支度や部屋の掃除）からは切り離し代替すると同時に、Bさんの母親としての自己と結びつけることが可能な、別の活動の可能性（共食や団欒）を提供することが試みられていたのである。

いうなれば、ヘルパーたちが行っていた具体的な援助は、Bさんが母親としての自己を維持することをも支援するようなものであったといえる。それはBさんが担ってきた活動の機能的代替を基本としながらも、Bさんの母親としての活動の喪失とそれにともなう価値剝奪を補塡するという作業を組み込んだ、いわば「二重の支援」として理解することができるものであった。

こうした意味において、ヘルパーたちによる援助は機能的代替以上のものを含んでいたといえよう。また同時にこうした支援のあり方は、Bさんによる抵抗への対処実践としても理解することができるものである。そこでは母親としての自己に配慮することによって、そもそもの課題である機能的代替が可能となっていたからである。[10]

3-2 信頼の形成と維持

つづいて、こうした援助関係の基盤にある信頼の形成とその維持の方法について検討したい。

Bさんは息子の支援者である通所施設の職員やこれまで関わりをもってきた行政の福祉担当者のことを「先生（あるいは○○先生）」とよんでおり、息子の面倒をみてくれる専門家としてかれらに信頼を寄せているように見受けられた。この息子の支援者との関係性においては、息子に対するケア役割の分担が含意されていたように思われる。それは専門的なケアを提供する息子の支援者とプライマリーなケアを担当する母親という役割分担であり、息子の支援者に対するBさんの信頼は障害者福祉の専門家の知識や技術を含めた専門性それ自体を基盤とするものであったといえる。

その一方でBさんは、自らへの支援者（相談員やヘルパーなど）に対しては、それとは異なる関係性を志向しているようであり、そのことは支援者たちによっても了解されていた。かれらは自分たちの専門性を担保にするのとは異なる方法で、Bさんとの関係における信頼を形成し維持しているように観察された。

この母子のケースに関わりをもつ者の多くは、Bさんに対して「お母さん」という呼称を用いていたのだが、その意味するところは息子の支援者の場合とBさんの支援者とでは異なっているよう

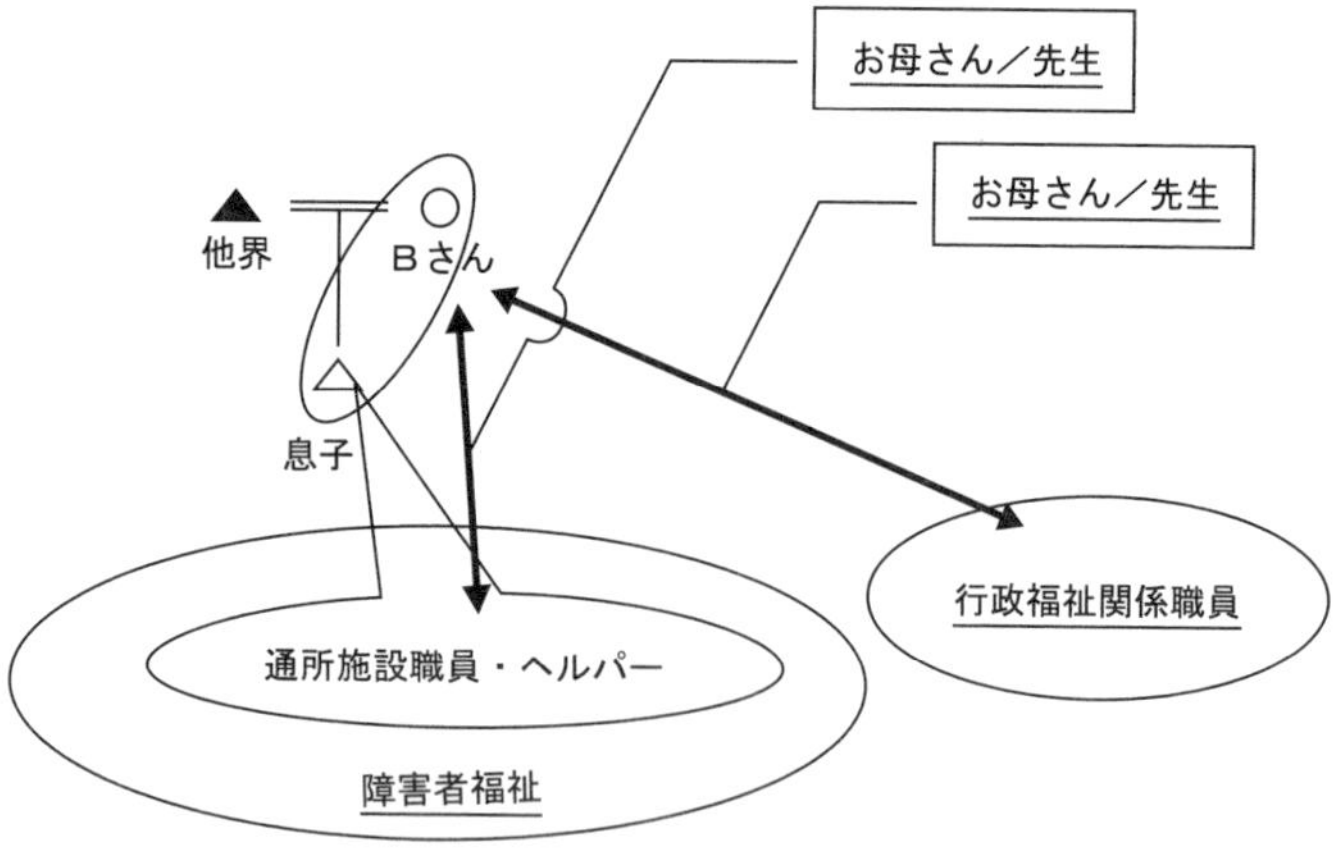

図2　Bさんと息子の支援者

であった。息子の支援者との関係においては、先述した「先生」と「お母さん」という呼称が対をなしており、それは子どもの世話役割の分担を媒介とした「専門家」と「親」という関係対としてカテゴリー化されるものといえよう。また、それは専門的知識の配分という観点からいえば、ある種の権力関係を含んだ垂直的な関係性とみなすことができる（図2参照）。

それに対して、Bさん自身への支援者とBさんとの関係性はより水平的なものとして志向されていた。相談事業のスタッフの一人によれば、「彼女（Bさん）にとって、息子の施設のスタッフは先生だけど、自分たちはお友だち」（f.n. 20020816）であるという。実際にBさんは自らの支援者たちに対しては「○○さん」（名字にさんづけ）という呼称を用いるとともに、息子の支援者とは異なる向き合い方をしていた（図3参照）。

具体的な援助場面においてこうした「友人関係」に

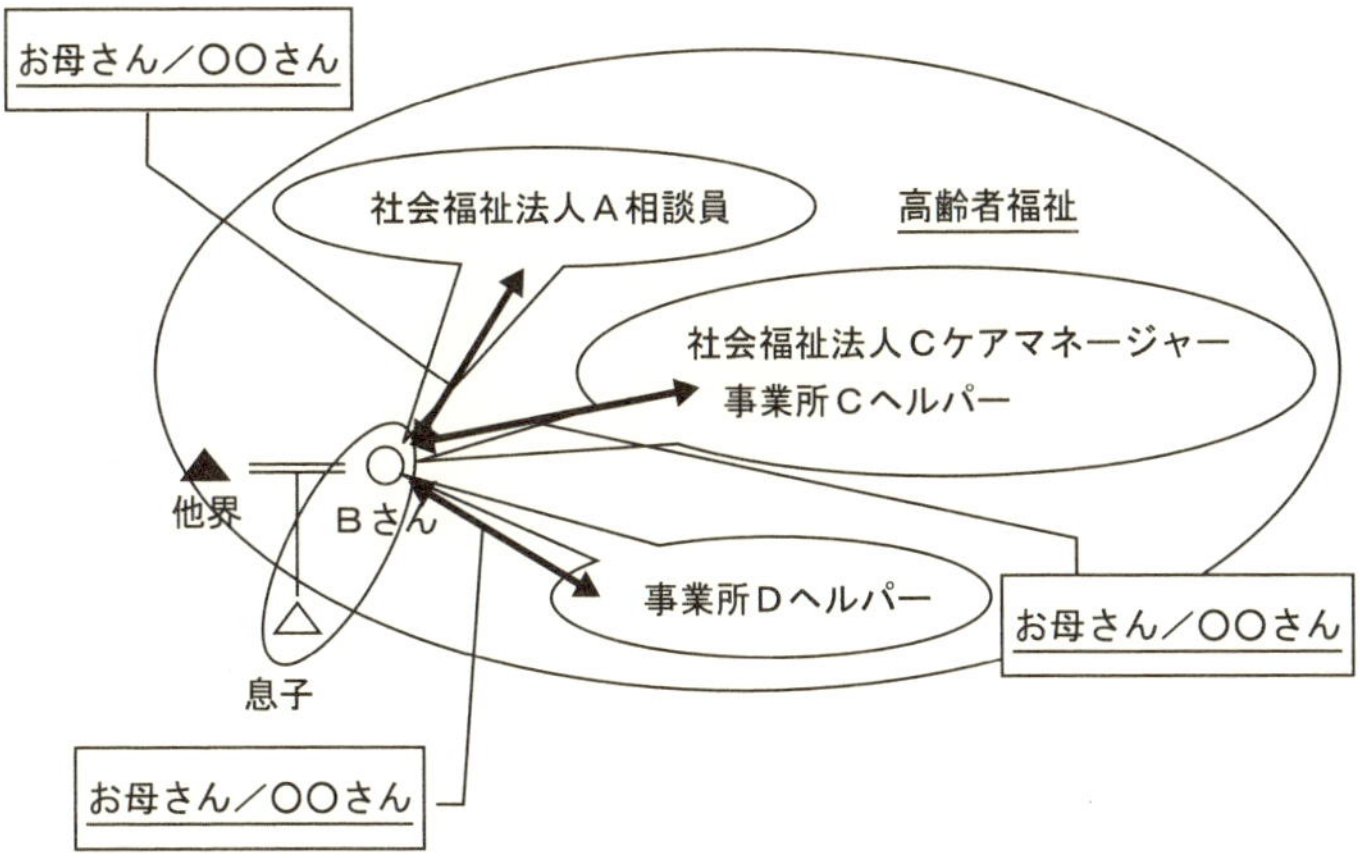

図3　Bさんと自分の支援者

たとえられるような関係性と、それに応じた形での信頼形成が図られていると観察されたことがらとしては、支援者たちが行っていた、共に同じ「女性」であること、および「母親」であることにもとづく経験を担保にしたやりとりがあげることができる。Bさんの支援者は担当ケアマネージャーを除いたすべてが女性であり、またほとんどの者が母親としての経験をもっていた。彼女たちは専門家ゆえにわかるというやり方ではなく、むしろ同じ「女性」であり「母親」であるからこそわかりあえるというやり方によって、Bさんとの関わりを成立させようとしているように観察された。

さらに、食事の支度などの場面においては、ヘルパーはBさんのこれまでの調理法や味つけの仕方などを参考にするなど彼女の意向ややり方を尊重するとともに、Bさんの方が「女性」としても「母親」としても「先輩」であるという敬意の呈示がしばしば行われた。支援する側とされる側という関係性において生じかねないパターナリスティックな権力関係に対して、「後輩」と「先輩」というそれとは逆の序列を持ち込むことで、水平的な関係性の均衡を維持しようとする実践であったとも考えられる。

筆者が同行した「チーム」の訪問日以外にも、Bさん自身に対する訪問による支援は行われていたが、それらのものも含めて総じてBさんの支援においては援助活動をルーティン化することによって、彼女の日常生活を外部からの援助を組み込んだものとして再組織化することが試みられていたといえる。しかしながら、そこにおいて形成される信頼の基盤はきわめて脆弱であり、些細なことで簡単に崩れる可能性を有していた。

すでに述べたようにBさんは外部の人間に対する強い不信感や猜疑心をもち、それは援助を受け入れて以降も消えることはなかった。また関係者たちが「もの盗られ妄想」とよぶ症状がしばしばみられ、息子の支援者を含めて特定の支援者による援助の継続が困難になるというケースがたびたび報告されていた。「母親」であることに配慮し、「友だち」のような関係性を志向しながら形成される信頼も、些細なことにより疑いをかけられることで崩壊する可能性をつねに有していたのである。

それゆえ関係者は（筆者も含めてであるが）、支援のメンバーやスケジュールを固定化するとともに、つねに疑われないようにふるまうことが求められていた。Bさんからの抵抗への対処実践としても理解可能な援助関係の基盤にある信頼の形成は支援活動に先立って確立されていたわけではなく、適切な支援の提供というプロセスを通じて相互反映的に、そして持続的に成し遂げられていたということが指摘できる[11]。

4 母親の状態の定義過程――カンファレンスへの参加

困難事例とみなされていたこのケースに関しては複数の機関が関わっていたこともあり、すでに定期的にカンファレンスが開催され、関係機関の各担当者によるサービスの調整と意見交換のための場が形成されていた。すでに触れたように筆者は合計三回のカンファレンスに参加する機会をえたが、筆者が初めて参加したカンファレンスは第三回目のものであった。それらへの参加を通じて筆者は、初めてBさん自身に対する支援者以外の関係者と直接関わる機会をえるとともに、かれらのこのケースに対する考え方や向き合い方を知ることができた。

関係各機関のこのケースへの関わり方や考え方は必ずしも一致しているわけではなく、なかでも母親であるBさん自身の支援者と息子の支援者との間には、背景となる専門性の相違と同時にケースに対する認識のズレが観察された。とくにこの認識のズレは息子の施設入所の是非をめぐる議論の中で、母親であるBさんの状態をどう定義するかという問題として浮かび上がることとなった。ここではこの認識のズレに着目し、息子の支援者側の認識と対比することで、母親であるBさんの支援者側の立場とその実践のあり方とを再考する。

4-1 支援者側の見解の対立

息子の施設入所はこれまでにもしばしばとりあげられてきた重要な議題のひとつであった。第三回カンファレンスにおいても、行政の障害者福祉担当者は「施設入所も近い将来必要だろう」との見解を示すとともに、その利用可能性を調査中であると述べている(f.n. 20020823)。その背景には母親の状態が悪化しつつあるという懸念がうかがえた。

ここで指摘しておきたいことのひとつは、母親の状態の悪化の度合いによって息子の施設入所のタイミングが決まるという考え方が、すべての関係者に共有されていたということである。ただし、その決断をいつどのように行うかはこの時点では具体的には検討されず、現状の支援体制の維持と関係各機関の連携の重要性が確認されるにとどまっていた。

第四回カンファレンス(テーマ:「○○(息子の名前)さんの処遇について」)において、息子の施設入所がより現実味を帯びた急を要する議題として浮上することになった。ここにおいて今回の施設入所の案を肯定するBさんの支援者側の見解と、それに反対する息子の支援者側の見解とが対立する。結論からいうと、このカンファレンスにおいて息子の施設入所という「措置」が決定された。[12]以下その概要をまずは説明したい。[13]

はじめに今回の施設入所の案件について、行政の障害者福祉担当者より説明がなされた。それによると「前回のカンファレンスを受けて、入所の申請などはしていた」ところ、それが「最優先の困難ケースとして判断され、今回の話がまわってきた」とのことであった。その担当者本人は「すぐに断ろうとも思ったが」施設の場所などを含めて「条件的にとてもよい」こと、「ただし、ミドルステイ枠」であることも考慮すると、「強引に話を進めることが果たしてよいことなのか」判断が難しく、また「本人の意思をどう考えればよいかという問題」もあるため、現場の関係者も含めた協議が必要であろうとの見解を示した。

こうした説明を受けて、Bさんの支援者である相談事業の担当者からは、最近になってBさんの「自治会とのトラブルが表面化」したこと、さらにじつは「かつてからトラブルが絶えなかった」ことが判明したことが伝えられた。そして「このままではあそこに住めなくなってしまうのではないかという心配」があり、母子による在宅生活が限界に達しつつあるのではないかという認識が示される。それをふまえて今回の施設入所に対して肯定的な見解が示された。

他方で、息子の支援者である通所施設の職員はそれとは逆の見解を示した。その職員はかつて息子が入院した際の母親の反応をエピソードとしてふり返りながら、「施設入所となるとお母さんの混乱が予想される」とし、この母子をめぐる状況が施設入所によってかえって悪くなる恐れがあると指摘した。さらに、デイサービスでの息子の様子や電話での母親の様子から、本人たちが今回の話には前向きではないだろうとの見解が示された。

いずれの立場においても、母親の状態によって息子の施設入所のタイミングが決まるという考え方は共有されている。つまり、関係者はいずれも、母親の状態が芳しいものでないならば息子の施設入所が妥当であるという考え方を共有している。しかしながら、当の母親の状態の定義が必ずしも一致せず、見解の対立が生じているのである。つづいてこの定義の不一致についてより詳しく考察することで、Bさんの支援者たちの立場を再度確認したい。

4-2 母親の状態の定義と「記述の政治」

3節において検討したように、Bさんの支援者たちによる援助実践は機能的代替を基礎としながらも、彼女の母親としての自己の管理をも支援するようなものであった。その前提には、彼女が母親としてできることは少なくなりつつあるという状態の定義があったことがうかがえる。母親の状態の悪化は、家庭内においては母親に依存せざるをえない息子の生活の質にも影響をおよぼす可能性がある。とすればBさんに対する支援は、この母子の在宅での生活が限界に近づきつつあるという認識のもとで提供されていたと理解できるだろう。

それに対して息子の支援者側においては、本人が望んでいるとされる現在の在宅生活をできるかぎり継続していくことがもっとも重視されることがらであった。後日話をうかがった通所施設の職員によると「本人だけをみるならば、施設に入所するような段階ではなく、在宅生活は可能」であるという（f.n. 20030305）。ただし、ここで注意しなくてはならないのは、そこで可能とされているこの息子の在宅生活にはプライマリーなケアラーとしての母親の存在が前提とされているということである。息子の支援者側においては、利用者である息子のケアをめぐって母親との機能的な役割分担が前提となっており、通所施設における専門的なケアの継続のためにも、家庭での母親による日常的ケアが不可欠のものとされるのである。

こうした認識の下では、母親としてのBさんは専門家とケア役割を分担するケアラーであることを期待されつづけることになる。さらに、息子の支援者による母親への期待は、Bさん本人が示す「息子を手放したくない」（f.n. 20020906）、自ら息子の世話をしたいという「意思」と適合的であることからも、母親の状態を限界であるとする定義とはますます結びつきがたいものとなる。「同じ」ケースでありながらも生じたこうした認識の相違は、それぞれの支援者が誰の支援者なのかということによって生じたものともいえよう。「記述の政治」とよぶこともできるこうした母親

表1　見解の対立と記述の政治

	Bさんの支援者：高齢者福祉	息子の支援者：障害者福祉
Bさんに対する認識	実質的にケアラーとはみなせない	プライマリーなケアラーとしての期待
Bさんへの関わり方	機能的代替（と自己の維持を支援）	専門家との機能的な役割分担
息子に対する認識	母親からのケアが期待できない状態	施設入所するような段階ではない
施設入所に対する見解	賛成（在宅生活の限界）	反対（在宅生活が可能）

の状態についての定義の不一致は、それぞれの支援者がそれぞれの立場からケースに向かい合っているということ、さらにそうした理解を導く知識や経験の文脈が異なっているということをあらわすものともいえよう(14)（表1参照）。

結果としてこの対立は、Bさんの支援者側が報告した近隣とのトラブルの表面化という事実により解消されることになる。息子の支援者側にとっても、プライマリーなケアラーであるべき母親が近隣から孤立し、さまざまなトラブルの原因となっているという事実は認識の転換を促すことになった。母親に対する期待が下方修正されたのである。こうしてすべての関係者にとってこのトラブルの表面化が、母親の状態を限界として定義づけることを妥当なものとする新たな文脈を提供することになったのである。

このカンファレンスにおいて息子の施設入所が決定され、Bさん母子は空間的に切り離されることになった。こうした選択はこの母子から四〇年にわたって継続してきた生活を共にするという活動を剝奪するものであり、それはBさんにとっても文字通り母親としての自己を大きく揺さぶられるような決定であると推察される。しかしながら、息子の施設入所というこの選択も、それを決断することができる者は母親以外においてはいないという意味において、Bさんの母親としての責任に結びつけることが可能であり、Bさんが息子の母親であるということそれ自体に対する支援としても理解可能なものであった[15]。

5 議論

ケア役割の再配分という観点から現代社会における「家族支援」ならびに「ケアの社会化」を考えるならば、それを通して従来的な公私関係の再編が進みつつあるということが指摘できるだろう。また、介護保険法施行をひとつの契機として「ケアの社会化」という理念は一般にも浸透しつつあり、それはたんに政策理念であることを越えて日常生活を生きる人々の福祉や家族をめぐる価値体系の改変を促しつつあるともいえよう[16]。

しかしながら、それでもなお機能的代替を基礎とした「家族支援」が、ときに当の家族にとって自らの価値剝奪という意図せざる結果を導くのはなぜか。思うに、こうした事態はケアに関わる活動の適切な遂行が、現代社会においても部分的にであれ家族という関係性の日常的な組織化それ自体であるような価値を有しているためではないか。なかでも家族とケアの結びつきという近代家族的な価値を当然のものとするような時代背景の中で、これまでの生活を自助的に組織してきた現在の中高年世代にとっては、さらにとりわけそれを自らの自己形成における重要な道具立てとして用いてきた家族内のケアラーとしての女性にとっては、ケアの社会化という理念と実質的な介入の受容がときにある種の困難をともなうものとして経験されるとしても不思議ではないだろう。

家族とケアの結びつきを所与のものとしたとき、機能的代替としての「家族支援」はそれだけでは十分な政策的な企てとはなりえないだろう。かれらが家族であることそれ自体に配慮した支援のあり方が求められるのである（松木 2007）。

ここで検討してきたBさんをめぐるケースはさまざまな意味で特殊なものであったといえるが、支援者たちの実践はBさんに対して、必ずしもそのすべての活動を抱え込むようなことをせずとも適切に「母親」であることが可能であることを示すとともに、Bさんがそれを実現するための具体的な手段を提供するものとして観察された。「二重の支援」として考察した支援者たちの技巧的な実践は、現代社会において家族が家族であることに配慮しつつ、言い換えればその者が自らの家族の一員であることに配慮しつつ、かれらを社会的に支援することがどのようにして可能なのか、さらにはケアの社会的な再配分を基軸とした現代の公私関係のあり方を考えていく上で何らかの示唆を与えてくれるように思われる。

また、つづいて検討した母親の状態の定義のズレにともなう「記述の政治」は、家族の誰に対する支援者なのかということによって生じていた対立であったが、それはわたしたちに家族という人間関係が、複数の、ときに利害関心を異にするような人々によって構成されているというきわめて自明の事実にあらためて気づかせてくれるようなものともいえるだろう。家族にはその成員を包括するユニットや集団としての側面からは把握できないような側面がある。

となれば、あらためてそうした個々人がいかにして家族という関係性を互いの働きかけを通じて日常的に組織化しているのかという問いが提起される。と同時に、家族への福祉的支援の必要性が叫ばれるとともに、利害関心を異にする複数の家族成員に応じて分化した多様な専門家がそれに従事するという現代的状況を考慮するならば、こうした「記述の政治」は「脱私事化」とともに家族と福祉との関係を経験的に考察していく上で一つの有効な視座となるだろう。

家族の「脱私事化」がますます進展するとするならば、そして複数の専門家や機関が「同じ」家族への関わりをそれぞれに強めていくという事態が進展するとするならば、かれらとともに家族は専門的な諸組織間に生じる「記述の政治」にますます巻き込まれていくことになるだろう。こうした事態のただ中で、問いはまたふりだしに戻る。

家庭生活に関する無数の競合する解釈の世界において、家族はどのように定義され、また経験

されているのか（Holstein and Gubrium 1995：896）

注

（1）もちろん、こうした認識自体を批判的に検討していくことも重要な課題のひとつであるといえよう（庄司 1993）。女性の就労や意識の変化といったことを引き合いに出しながら論じられる家族の機能変容という認識を否定するつもりはないが、それだけではなく、過不足なく家族である（つまりふつうに家族である）という状態に対する、社会的な期待水準が上昇しているために、それをなしえないケースが生じているという点も見逃してはならないだろう。

（2）「ケア」は外延の広い概念であるが、ここでは、子ども、障害者、高齢者に代表される非自立的な存在者のニーズ（依存）に応じる活動としてのケアの問題に照準し、家族とレリヴァントな再生産労働という観点からそれを把握している。また、それぞれのケアの受け手に応じて、「家族支援」にも制度的な下位領域が存在するが、ここではそれらを包括する総体としての「家族支援」のあり方を問題化している。

（3）第1章でもとりあげたが、社会的条件の変化と日常的な技巧というアイデアは、自己の構築に関するジェイムズ・ホルスタインとジェイバー・グブリアムの議論を参考にしている（Holstein and Gubrium 2000b）。それらは現実構築過程についての分析的な着眼点であるが、ここではその二つの水準を、とくに社会福祉政策における政策決定と政策執行というそれぞれの水準に対応させている。

（4）二ヵ月のうち、はじめの一ヵ月は月曜日から金曜日の午前八時半より午後五時まで、スタッフに帯同し業務に従事した。残りの一ヵ月は、本章で題材としているBさんケースについてのみ週一回の訪問に同行し、またこの間に開催されたカンファレンスへ出席した。

（5）本研究は、社会福祉的な支援のあり方を社会学の立場から考察するものであり、それを通じて現代の家族のあり方について考察することを目的としている。分析の題材としているケースに関する情報の利用に関しては、利用者側の状況等を問題化するのではなく、支援者側の問題としてとりあつかうということで、関係各機関より了承をえている。そのためBさん自身に関する記述は必要最低限にとどめている。また、筆者が主として関わったのはBさん（母親）の支援者ならびに組織であり、それゆえ焦点としているのはBさんの支援者たちの援助実践のあり方である。他方、息子本人やその支援者側との関わりはそれにくらべて少なく、また収集した情報も決して十分ではない。

こうした方法上の制約もあり、本研究においてはこの事例を障害者福祉の政策動向との関わり等において考察することはしていない。また、関係各機関やそれらの活動内容についても匿名性を保つために、いくつかの情報の取捨選択を筆者があらかじめ行っていることもお断りしておきたい。

（6）調査を実施した時点で当該自治体においては、複数の「地域型」とそれを統括する「基幹型」によって在宅介護支援センター事業が組織、展開されていた。

（7）フィールドにおいて記録したメモの量は、A5版ノート約一・五冊分（約一五〇ページ）であり、そのうち本研究に関連のある部分については、フィールドノーツとしてテキストファイル形式でまとめ直した（ファイルサイズ約三〇KB）。記録の引用はこのフィールドノーツにもとづいており、以下本文中においては、引用後の括弧内に「f.n. 日付」と記している。

（8）第一回目の訪問をふまえて、筆者のBさんに対する第一印象はつぎのようなものであった。「障害をもつ息子さんであるがゆえに、よりいっそう、ケアラー（母親）としての自分という自己のあり方が明確であるように感じられた」（f.n. 20020809）。こうした印象は、その後訪問を重ねていく中でも変わることはなかった。また、事務所においてこれまでのケースファイルの閲覧を行った筆者は、以下のような感想をもった。「Bさんと息子さんは、息子さんが「大人」になった現在でも子育てを行う母と子という関係に思われる。〈養育〉(ケア)を媒介とした母子関係。通常は、やがて、子どもが自立していくことで解消され、他のことがらを媒介とした関係に置き換わっていく(扶養や介護といったこともあろう)。年齢的には後期親子関係といってよいはずだが、内容的には当初の親子関係が継続している。Bさんの場合は、約四〇年間にわたって、養育を媒介とした母子関係が継続しており、「四〇年やってきて、最近は疲れた」「自分も年をとったし」といった類いの発言がしばしばみられる」(f.n. 20020812)。

(9) ここでは詳しく検討する余裕はないのだが、Bさんの息子に対するデイサービスなどは、母親としての彼女に対するレスパイト提供としての意味をもつ家族支援的なサービスであったといえるだろう。

(10) こうした支援のあり方は、クライエントの自尊心に配慮するという、ソーシャルワークの基本的な構えをあらわすものとみなすこともできよう。また、近年のソーシャルワーク研究における「ストレングス視点」や「エンパワーメント」への注目(狭間 2001)といった認識とも関連するものと思われる。ただしここでは援助技術論的な文脈とは別の水準において、母親としてのBさんの自己に配慮しながら現状に即した他の「母親としての活動」を用意するという支援者たちの技巧的な実践の意義を、家族に関わる規範的な配慮という観点からより社会学的に考察することを試みている。

(11) このケースにおいてはこうした信頼の相互反映的な達成がきわめて顕著に観察されたのであるが、これは対人サービス一般に指摘できることであろう。

(12) この選択は関係者の一人の言葉を借りるならば文字通り「苦渋の決断」(f.n. 20021001)であり、また、この表現はその場に参加していたすべての関係者にとってリアリティをもつように思われた。そこには自立支援とアドヴォカシーのジレンマをみてとることもできる。この施設入所をめぐる一連の議論においては、Bさん母子をどのようなタイミングで切り離すかということが基本的な論点であり、このことは母親にとってはケア負担からの解放を、また息子にとっては脱家族ないしは母親からの自立を意味する。しかしながら後述するように、それらは当事者である母子それぞれが提示する本人の意思とは必ずしも一致するわけではなかった。

(13) 以下このカンファレンスでのやりとりに関する引用はとくに断りのないかぎり、すべて二〇〇二年九月六日のフィールドノーツからのものである。

(14) こうした事態は、それぞれの立場による現実理解や状況規定のやり方が、それぞれのローカルな理解の方法にもとづく、「組織に埋め込まれた」(Guburium and Holstein 1990=1997) ものであるために生じているともいえよう。ホルスタインらは、複数の「組織に埋め込まれた」解釈の間の対立や葛藤を「記述の政治」とよび、諸組織間の解釈をめぐる交渉の問題をとりあげている (Holstein and Gubrium 1995)。

(15) その決断を母親としての活動としてBさんに提供することによって、Bさんの母親としての自己の維持(母親としての価値剥奪の回避)と息子の母親からの自立支援が同時に可能になったと理解することもできよう。

(16) とはいえ、事態はより錯綜している。開始から一〇年目を迎えた介護保険制度をめぐって藤崎 (2009) は、介護の「社会化」ではなくむしろ「再家族化」が生じてきていることを指摘している。そこでは、訪問介護の中でもとくに生活援助サービスの抑制化という現状をふまえて、そうしたサービスのあり方が「介護における家族と社会サービスの責任分担のあり方を問うという、古典的ともいえる問題を提起」し、「家族責任の後退」という危機感を喚起することが、そしてそのひとつの帰結が「家族支援」の理念の後退と「介護の再家族化」という状態を生み出していることが論じられている (ibid. : 55)。

やっかいなのは、こうしたある種のバックラッシュが依拠しているロジックが、家族の日常的なリアリティを支えるロジックと同型のものであるということだ。本研究の着眼点は、それでも「家族支援」を進めるには何が必要なのかという点にあるが、加えて今後のあるべき家族のあり方、すなわち近代家族以降の家族のあり方を構想することが求められているのかもしれない。

第6章

福祉的支援のエスノグラフィー

はじめに

高齢者に対する保健福祉サービスの量的および質的な拡充のもとで、「地域」をめぐる関心が一層の高まりをみせつつある。一九八〇年代以降の施設から在宅へというサービスのあり方の転換という政策的文脈において浮上してきたその受け皿としての「地域」の体制整備という課題は、相互的な扶助機能を喪失していったとされる高度成長期以降の地域社会の構造的変容を背景とするものであった。

こうした「地域」をめぐる関心は、その後も現在にいたるまで、さまざまな表現とともに訴えられてきた。二〇〇五年に改正施行された介護保険制度は、たとえば「地域支援事業」の創設にみられるように、そうした関心を明瞭に示すもののひとつとして理解することができる。介護予防の推進や地域包括ケアシステムの構築などをはじめとする現在進行中の施策においては、この「地域」をいかに組織化し活用していくかということが重要な課題のひとつを構成しているといえよう。

以上のような現状認識をふまえつつ、ここでは具体的なサービス提供機関が、その「地域」を組織化し、人々の私的な生活圏との関わりを強めていく過程について考察していく。約五年間にわたって筆者が実施してきた在宅介護支援センター(1)でのフィールドワークによってえられた多様な素材を手がかりとしながら、自らもその社会的環境を部分的に構成している支援センターが、当該「地域」をどのようなものとして構想し、またそうした「地域」とどのように関わりをもちながら自らの活動を実践してきたのかということを考察していく。

以下ではまず、こうした本研究の問題関心を示すとともに、在宅介護支援センター事業に関してその概要を整理した上で、事例としてとりあげる支援センターの概略と、本研究において採用した方法について述べる。その上で、第一に、主として支援センター職員の聞き取りによってえられた語りにもとづきながら、かれらにとっての「地域」のあり方を考察していく。そこでは〈対象〉としての「地域」と、それに働きかけていく上での〈資源〉としての「地域」という二つの「地域」のあり方を分析的に区分し、そのそれぞれについて考察する。加えて、第二に、対象とした支援センターが民生委員を中心として構成した関係者による会議の記録を参照しながら、〈資源〉としての「地域」を活用し、〈対象〉としての「地域」に働きかけていくという過程を記述し再構成していく。こうした考察をふまえて最後に、本研究の所見をまとめるとともに今後の課題を明らかにする。

1　福祉的実践と在宅介護支援センター

本章では、近年の人口高齢化ならびに長寿化の進展と介護問題への認識の高まり、加えて福祉の普遍主義化という一連の変化の帰結として、高齢期の生活が福祉という社会制度との関わりを強めつつあるという認識のもとで、そうした事態を私生活の「脱私事化」(Holstein and Gubrium 1995, 2000a) という観点から問題化するとともに、その進行過程を福祉的実践のあり方のなかから経験的に探っていく。とりあげる対象は支援センターであるが、特定事業としてのその機能や役割、その目的の達成状況や問題点などを検討することはここでの目的ではない。現代社会において進行する「脱私事化」の一端として、福祉的実践と人々の生活との関係を考察する上での事例のひとつとして、支援センターのとりくみに着目する。とはいえ、支援センターへの着目には積極的な方法論的意図もある。

続いて述べるように、高齢期を生きる人々の生活をとりかこむ環境としての「地域」に対する働きかけが業務に組み込まれた支援センターの実践は、私生活の「脱私事化」についての探究に対してさまざまな示唆を与えてくれるものと考えるからである。まずは考察に先立って、この支援センター事業の概要を手短に整理しておきたい。

一九九〇年度より始まった在宅介護支援センター事業は、それに先立って一九八七年に制度化された社会福祉士（あるいはそれに代替するものとして保健師）を配置した高齢者をめぐる専門的な相談援助実践を担う施設（在宅介護支援センター）によって運営される。この支援センターをめぐっては、社会福祉学の領域においてすでにいくつかの研究がなされてきたが、[2] 副田あけみ（2004）によると、「支援センター事業は、広い意味での予防ソーシャルワークとしてのA実態把握や総合相談、Bケアマネジメント、C個別援助活動という大きく三種類に分けられる活動を総合的に実践するという、ジェネラリスト・ソーシャルワークの展開を目的として」（ibid.：23）開始された。

中学校区ごとに設置された支援センターは、文字通り管轄「地域」を対象として、そこへ出向いていく活動をその役割の一つとして担ってきた。ただし、基幹型と地域型の分割設置をはじめとして、二〇〇〇年の介護保険制度開始以降の再編成と、そうした制度変更にともなう実際的な業務の改編を経験した支援センターでは、多くの場合、要介護認定作業と居宅介護支援事業という新たな業務の兼務により、本来の支援センター業務との調整が大きな課題として浮上することにもなった。

多くの支援センター職員に実質的に期待されることとなったソーシャルワークとケアマネジメントという二つの福祉的実践をめぐっては、その概念やアプローチの違いを含めて、副田は理論的な整理をするとともに、介護保険下の支援センター業務に関する実態調査にもとづいて、ソーシャルワークとしての支援センター業務の充実化のためにはケアマネジメントに関わる業務負担の軽減あるいは人員配置の拡充が求められると指摘している（ibid.：142）。本来的に期待される業務としての、「地域」との関わりを含めたソーシャルワークは、こうした経緯もあって、必ずしも実際的には満足のいく形で展開されてきたわけではなかったといえるだろう。

設置以来何度となくその「在り方」が議論されてきた支援センターにおいては、[3]こうした「地域」との積極的な関わりは、つねに課題として掲げられてきたもののひとつである。二〇〇六年度より地域包括支援センターが設置されたことによって、在宅介護支援センターが担ってきた役割はしだいに地域包括支援センターに引き継がれつつあるが、こうした進行中の制度改編という動向は、「地域」への関わりという未解決の課題の存在を裏書きしているともいえよう。ただし、たとえ未解決の課題であるとしても、支援センターが「ソーシャルワーカーの地域拠点型の実践を可能とし、それまでの施設入所型福祉から在宅福祉への大きな流れを先導してきた」（武田 2005：330）ことには一定の評価がなされてしかるべきであろう。

在宅介護支援センターから地域包括支援センターへという組織変更のあり方は、現在のところ自治体によってさまざまである。どのような組織編成がとられるにせよ、これまで在宅介護支援センターが試みてきた「地域」との関わりのあり方について、それが具体的にどのような過程を経て展開されてきたのかということを経験的に明らかにすることは、今後の「地域」に暮らす高齢者の保健福祉サービスのあり方を考える上でも必要な作業といえるだろう。

2 対象と方法

2-1 対象

本研究において対象とした支援センター（以下、「支援センターE」と表記する）は、首都圏近郊のF市における地域型の支援センターである。F市では二〇〇四年度から高齢者に対する「見守りネットワーク」事業を試験的に実施し、翌二〇〇五年度からは、市内の各地域型支援センターを担い手として、「介護予防」事業とともにそれを本格的に展開している。二〇〇六年度からは地域包括支援センターも設置されているが、F市では従来からある在宅介護支援センターを現在のところ存続させるとともに、上記事業に代表されるような「地域」への関わりを強めながら機関運営がなされている。

ただし、追って詳しく考察していくように、本章がとりあげる支援センターEにおいては、F市によるそうした政策的展開に先だって、内実としてはそれを先取りするようなとりくみが積極的に試みられてきた。「地域」を構想し組織化するというそうした働きかけがどのように展開されてきたのか、ここでの問題関心のひとつはそこにある。

支援センターEは、特別養護老人ホーム等を擁する社会福祉法人Eへの事業委託により一九九四年に開設される。開設当初は、その後現在まで職員として在籍している社会福祉士のGさんに加えて二名の職員からなる三人体制であった(4)。二〇〇〇年の介護保険制度開始による再編成にともない、それに先立つ前年より要介護認定作業にかかわるとともに、F市の地域型支援センターのひとつとして位置づけられる。この間に職員の入れ替わりなどがあるが、二〇〇一年より、Gさんと同じく社会福祉士の資格を有するHさんが加わり、実質的に二名の社会福祉士によって運営されることになる。

この二〇〇一年からF市では各地域型支援センターに対して管轄地区の介護保険サービス利用者やその家族、自治会や老人クラブ等々といった関係者を委員として構成される「地区関係者会議」(5)の設置が要請される。後に詳述するように支援センターEでは管轄地区の民生委員らの協力もえながら、この「地区関係者会議」は二〇〇四年度まで継続して運営されていく。二〇〇五年度からはすでに述べたようにF市では、「見守りネットワーク」と「介護予防」が地域型支援センターの事業として本格的に展開していくが、それにともなって支援センターEでは新たに三名の職員が配置され（内二名が社会福祉士）五人体制となる。

2-2 方法

筆者は、二〇〇二年の夏から支援センターEと関わりをもち、当初は「地区関係者会議」に研究者としてオブザーバー的に参加することになった。二〇〇三年度からはより関わりを強め、「地区関係者会議」への出席に加えて、毎月二回ないし三回の訪問により、業務に関する技術的なサポートを提供しながら参与観察を実施するというフィールドワークの機会を与えられることになった。

支援センターEではとくにこの年、一人暮らし高齢者の実態把握に力を入れるとともに、「地区関係者会議」を中心に、一人暮らし高齢者を対象とした「会食会」を試験的に実施することになる。筆者はこの「会食会」の企画、運営に関わりながら、その対象者選定のための実態把握をサポートするとともに、「会食会」参加者を対象とした聞き取り調査を企画し実施した。

二〇〇五年度からは筆者の職務上の都合により、継続的な訪問はできなくなったが、年に数回近況報告をしあう機会をもち、二〇〇六年度には夏期および冬期にそれぞれ三週間と二週間かけて、また二〇〇七年度には冬期に二週間かけて、フィールドワークを継続的に実施する機会をえた。この二〇〇六年度および二〇〇七年度調査においては、すでに開始されていた「見守りネットワーク」ならびに「介護予防」事業に関して、担当者に帯同しその模様を観察すること、さらに二〇〇一年度から二〇〇五年度まで実施された「地区関係者会議」についての関係文書を閲覧し記録すること、そして現体制での支援センターEの職員に対して、個別に聞き取り調査を行うこと、これらが実施された。

筆者が採用した方法は、この一連の調査全体に関していえばエスノグラフィックなフィールドワークであり、ほとんどの場合に採用した記録方法は筆記である。筆者は完全な調査者としてフィールドに参与したわけではなく、支援センターEの業務をサポートしつつ情報収集を行うという立ち位置をとっている。二〇〇二年度から二〇〇四年度にかけてはフィールドにおいて手があいている際に、気づいたことを逐一記録していった。二〇〇二年度から二〇〇三年度にかけては、文字通りノートへ記録し、二〇〇四年度はノートPCに直接入力あるいは筆記記録からの転記によりテキストファイル形式で記録するという方法をとった。(6) 加えて、筆者がサポートした業務に関する文書等についても、許可される範囲内でそれらを収集した。二〇〇六年度および二〇〇七年度に実施した調査でもそれまでの記録方法をほぼ踏襲するとともに、あらためて閲覧を許可された文書については、必要箇所を転記によりテキストファイルとして記録し直した。その際に、筆者がこれまでの調査において記録してきたフィールドノーツをつき合わせて記録の照合を行っている。

また聞き取り調査においては、すべての会話内容を録音により記録した。四人の職員に対して一時間から二時間ほどの聞き取りをそれぞれ個別に実施した。ここでは、そのうちの二名（Gさん、

Hさん）について次節において詳しくとりあげていく。すでに簡単に触れたように、Gさんは支援センターEの開設以来の中心的な職員であり、またHさんは介護保険制度開始以降に加わった職員の一人である。[7] 聞き取り調査の方法は緩やかに構造化されたものであり、「福祉援助職に関するキャリア」「福祉援助職に就いた動機」「専門性についての考え方」「印象に残っているケース」「支援センターEでの業務の詳細（とくに二〇〇一年度以降の「地域」への関わり）」などについて比較的自由に語ってもらうというやり方をとった。また、Gさんに対しては「支援センターE開設から介護保険開始までの業務」や「後輩職員の育成について」、Hさんについては「先輩であるGさんについて」といった内容についても個別にうかがった。録音によって記録された内容は、逐語的に活字化された。

一般に受け皿としての「地域」の整備という観点からすれば、かれらの専門家としての働きかけは論理的にも正当化されうるはずのものである。[8] しかしながら、個別具体的な関わり（介入）の過程においては、家族や既存の地縁組織などからの抵抗を含めた私事化のベクトルによってそうした活動の円滑な遂行が妨げられるという局面も予想される。そうであるとするならば、かれらはどのようなやり方でそのような事態を打開あるいは回避しつつ自らの活動を遂行していくのか。こうしたいわば理論的な問題関心を下敷きにしながらフィールドワークは実施された。

3　安心ネットワークから見守りネットワークへ

本節では、発足時（一九九四年）から現在にいたるまで支援センターEに在籍する職員Gさんと、その後（二〇〇一年）そこに配置され現在にいたる職員Hさんに対して実施した聞き取り調査によりえられた語りを主たる題材としながら、かれらの立場からみた「地域」のあり方について考察していく。

かれらにとっての「地域」とは、職務遂行上の管轄「地域」であるわけだが、それは一方で、自分たちが行う相談援助を含めた業務の対象者の暮らしをとりかこむ空間であるとともに、他方で、そうした対象者に接近していく上で、必要な助言を求めたり、実質的に協力を求めたりすることが可能な人材を擁した空間でもある。ここではこれら二つの水準、あるいはかれらが向ける二つの視線のあり方を分析的に区別し、便宜的に、前者を〈対象〉としての「地域」、後者を〈資源〉としての「地域」とよぶこととしたい。

3-1 「安心」のための「ネットワーク」というイメージをめぐって

Gさんは、一九九三年に社会福祉法人Eに着任することによって福祉専門職としてのキャリアをスタートさせる。結婚後専業主婦として生活してきたGさんがこの仕事に就くまでの経過についてはここでの主題からはやや外れるので詳述はしないが、もともと地域の高齢者施設でのボランティアやNPOの活動などに関わってきたGさんは、制度化されて間もない社会福祉士の受験資格を与えられる大学の研究科に通い、福祉専門職としての基礎的なトレーニングを受ける。そこでの課程を修了した後に、一九九三年に社会福祉法人Eに着任する。しばらくの間は特別養護老人ホームと在宅サービスセンターの業務に携わった後に、一九九四年一〇月から開設された支援センターEに配置される。すでにF市内において開設されていた別の支援センターでの研修を終えて、あらためて支援センターEでのこれからの活動について考えたということを、彼女はつぎのようにふりかえっている。

それから、うちの支援センターが何をしていこうかというときに、私の中では、ここを暮らしやすい町にしたいということ、自分の住む町を暮らしやすいようにしたいということがあったから、とにかく安心できる町というので、最初につくっていたコピーからやはり本当に安心な拠点づくりとか、安心な町づくりとかというのがずっと一番最初のときからだったので、そういうネットワークをつくることが支援センターの核であろうと。

Gさんの語りにおける「暮らしやすい町」「安心できる町」、さらにそうした「地域」における「本当に安心な拠点づくり」「安心な町づくり」といった表現からは、そのようなものとして構想される「地域」のあり方、言い換えるならば、そのようなものとして「地域」を構想し対象化する視線の存在を指摘できるだろう。加えて、そうした「地域」における「安心の拠点」としての支援センターの位置づけという認識が示されている。これにつづいて、開設当初のとりくみについてGさんはつぎのように語っている。

まず何からやっていこうかといったって、地域に出ていくにしろ何にしろ、相談の積み重ねであろうというようなことがあったんだけれども、手だてがないわけだから、民生委員さんとの話し合いをしたりとか、あとはデイサービス、ショートステイの利用者のご家族との関係を、そういう相談を少しずつ広げながら、本当にここからは地道な相談の積み重ねなんですよ。

Gさんは（つづいてとりあげるHさんも同様であるが）、自らの専門性を主として個別的な相談援助実践との関わりにおいてとらえており、それゆえに地域との関わりのようないわゆるコミュニティワークはあまり得意ではないという。開設からしばらくのあいだは、Gさん自身はそれを「本来あるべき形ではない」としながらも、支援センターの主要業務のひとつである相談援助実践の真摯な積み重ねの中から、当該地域において自分たちの存在を確立しつつ、認知度を上げていくというやり方がとられていく。

他方で、こうした〈対象〉としての「地域」への働きかけにおいて活用されていったのが「地域」により精通していると考えられた民生委員であった。ここにもうひとつの側面である〈資源〉としての「地域」への視線をみいだすことができる。「相談」を積み重ねていくと同時に、「地域」にすでにある〈資源〉を積極的に活用しながら当該「地域」それ自体を組織化していくような働きかけが実践されていくのである。

一番最初から、やはり民生委員さんを核にしながら地域をつくっていくのが、この地域は一番やりやすいのかなというがあって、Iさんとのまずつながり、それでよく話しているJさんとかね。最初は本当にけんもほろろだった方たちと。それは事例を通してです。一緒に動くのを見てもらって、それで応援隊にかれらも入っていく。本当に、最初に一緒に動いた段階から、もうころっと応援隊に入っていく。そういう意味では、言葉だけではだめで、ネットワークをつくるときには、もろに一緒に仕事をするということかなというのはあるんです。これはほかの関係機関も同じで、ネットワークをつくるときには、ネットワークというのは一緒に動く中で自然にできてくるというのはありますね。

当初は「けんもほろろだった」という民生委員に対して、「事例を通して」「一緒に仕事をすること」「一緒に動く中で」かれらをとりこみ、「ネットワーク」が形成されていったという。(9) 二〇〇一年度からの「地区関係者会議」の運営はその具体的かつ重要な一例であるが、すでにそれに先立って、支援センターEでは当該地区の民生委員との積極的な連携のもとで、「地域」への働きかけがなされていくのである。

3-2 〈資源〉としての「地域」の活用と組織化

一九九四年の開設以来支援センターEは、自らを「安心の拠点」と位置づけ、「相談」を持続するとともに「地域」の資源として民生委員の活用により、〈対象〉としての「地域」に対して働きかけをつづけていく。介護保険制度開始以降に配属されたHさんは、すでに確立されつつあった支援センターEのこうした体制の中に、新たな人材として加わることになる。大学卒業と同時に社会福祉士の資格を取得し、すでにいくつかの施設において介護職に就いてきたHさんは、はじめは社会福祉法人Eのデイサービス部門の求人に応募してきたのだという。Hさんは就職にあたっての面接をふりかえってつぎのように語っている。

一回話をしただけで、あ、この人の下で働いてみたいかなって思わせるような話しぶりで、内容は今から考えると、少し地域のことをやりたいと思っているということを、Gさんは話したと思うんですね。だからそういうことに興味があるのであれば、支援センターはどうですかって聞かれて。で、地域のことかと思って、あんまり漠然としたものだったんですけど。

こうした語りから間接的にではあるが、開設当初からGさんが構想してきた「地域」への関心が、なおも持続していたということをよみとることができるだろう。Hさんにとっては初めての相談職がこの支援センターEでの仕事であったが、彼女は実際に仕事をしていく中で当初考えていた支援センターのイメージとのギャップを実感していく。Hさんが当初イメージしていた支援センターとは、「地域に何か困り事の人がいて、そこに行って相談を受けて、その問題解決のための手助けをしていくという、ものすごくそういった単純なイメージ」であったという。

しかしながら、すでに述べてきたように、支援センターEの活動は、「地域」への働きかけという課題がすでに組み込まれたものとして確立されつつあった。二〇〇一年に着任したHさんは、間もなく開始された「地区関係者会議」の運営にさっそく着手することになる。支援センターを地域にアピールすることの重要性やソーシャルアクション等の地域への働きかけが仕事の中に位置づけられるという認識はあったというが、多くの民生委員や他の関係者を巻き込んだ「地区関係者会議」は、彼女が想像していた支援センターの職務の範囲を超えるものであったようだ。

何かやっぱり地区関係者会議とかになると、それにプラス地域づくりみたいなのが入っちゃってきていて、勉強した中で引き出しをあけてみると、コミュニティワークみたいな、支援センターが中心になって、いい地域をつくっていくという考えが入ってきていたと思うんです。だから、正直、あ、こういうのも支援センターの仕事なんだっていうふうな実感でした。

もちろん、かれら自身が「ケースワーク」という言葉でしばしば表現するような、個別的な相談援助という職務に従事しながら、同時に、「地域」の活用と組織化というもうひとつの仕事をこなしていくことが求められていたわけである。

その後彼女は介護支援専門員の資格を取得するとともに居宅介護事業所の職務を兼任し、複数の個別的なケースのマネジメントに関わるようになっていくのであるが、同時に「地区利用者会議」の議論をふまえて展開されていく「地域」への働きかけもより具体的なものとなっていく。

随分幅広いんだなあっていうのが。それがだんだん地区関係者会議の中でもそんなような意見が見えていて、それはほんと、一年ごとにそういう色が濃くなってきたなというのは感じましたね。で、見守りネットワークにつながっているわけじゃないですか。だから、コミュニティーワーカーみたいな、そういうのが支援センターの専門性で今だんだん求められてきているのかというのは感じてはいます。

「見守りネットワーク」を含めて「地域」の〈資源〉を活用した「ネットワーク」の構築については後述するように、二〇〇一年度から開始された「地区関係者会議」においても、主たる議案のひとつでありつづけていくものであるが、近年の地域ケアシステム構築という課題の中で、「介護予防」とともに頻用されるキーワードともいえよう（副田 2006）。また、支援センターの「在り方」をめぐる諸議論においても、介護保険制度開始以降しばしばとりあげられてきた課題のひとつである（全国在宅介護支援センター協議会 2004：27）。そうした認識の高まりと、それにともなう支援センターの役割の明確化という動向のなかで、F市においても「見守りネットワーク」は支援センターの事業として展開されるにいたっている。

支援センターEが作成したさまざまな文書において、この「見守りネットワーク」という用語が使用されるようになるのは比較的最近になってからであり、おおむね二〇〇二年以前には、同様の意味をもつ表現として「安心ネットワーク」という用語が用いられていたようである。[10] 現在とりくまれている「見守りネットワーク」の形成という課題は、すでに引用したGさんの語りからもわかるように、表現のされ方こそ異なるものの、支援センターEにおいては、開設当初から目的とされたものであったと理解できよう。

3-3 〈対象〉としての「地域」の実態を把握する

「安心」をキーワードとして構想された〈対象〉としての「地域」に対して、民生委員を中心とした〈資源〉としての「地域」を活用することによって働きかけていくということが、よりいっそうの現実味を帯びてくる中で、支援センターEでは、「地域」に暮らす高齢者の実態把握の必要性がこれまで以上に自覚されるようになる。「見守りネットワーク」の構築が課題として明確化されていくなかで、実態把握の必要性は、そうしたネットワークによって見守るべき人々とは誰なのかという対象者の定義をめぐる問題とともに浮上してくる。

この頃、それまで以上に関わりを強めつつあった筆者は、Hさんをサポートする形で実態把握の作業に携わることになる。F市から提供された統計資料によると、二〇〇二年一二月時点で、支援センターEの管轄地区（総人口約三万人）における高齢人口は約五〇〇〇人であり、高齢化率は約一七パーセントであった。これに対して、二〇〇二年度末（二〇〇三年三月）の時点で、支援センターEがなんらかの形でつながりをもちその実態を把握している高齢者は約六〇〇人おり、これは管轄地区における高齢人口の約一二パーセントであった。支援センターEでは、「見守り」の対象者を明確化するために、「地域」に暮らす高齢者の実態をできるだけ網羅的に把握することが目指された。そしてこうした課題の達成度をはかる上で、把握率の動向が客観的な指標となった。もちろん、すべての高齢者が「見守り」の対象者であるわけではない。

そこで支援センターEでは、とくに一人暮らしの高齢者の実態把握を優先させるという方針がとられることになった。いうなれば、生活形態として家族を構成しない者から優先的に把握することになったわけである。(11) 二〇〇二年一二月時点での管轄地区における一人暮らし高齢者は一二〇〇人強おり、高齢者の高齢人口に占める割合は約二四パーセントであり、その半数以上（約七〇〇人）は後期高齢者であった。これらの一人暮らし高齢者のうちで、支援センターEが把握している者は三〇〇人弱であった。把握率にして約二三パーセントというこの数値を年度を通していかにあげていくかが課題となった。

当初F市に管轄地区内在住の一人暮らし高齢者の名簿の提供を求めるもののそれは断られる。また、社会福祉協議会など一人暮らし高齢者を対象とした事業を展開している関係機関に協力を依頼するが、個人情報の共有が難しく難航する。結果的に、支援センターEは独自に「地域」に潜在している一人暮らし高齢者を顕在化させるという課題にとりくむこととなる。

この実態把握を展開していくにあたっても、民生委員との協力体制がとられていく。たとえば、次節でとりあげる「地区関係者会議」での議論と民生委員を中心としたその委員によって、「見守り」的支援の試みとして企画された一人暮らし高齢者を対象とした「会食会」の実施などによって、「地域」に埋もれていた一人暮らし高齢者を新たに把握するということ試みられていく。そうしたとりくみによって、一人暮らし高齢者の把握率はその年の暮れの時点（二〇〇三年一二月）で約二五パーセント、人数にして約四〇人増と少しずつ上昇していく。

二〇〇四年度になるとF市は、一方で市内の高齢者の基礎データを収集することを目的とした実態把握調査を実施することになる。市内の各地域型支援センターの管轄地区ごとに調査員を派遣して実施されたこの調査の結果は各支援センターにフィードバックされることで、実態把握のための新たな手がかりとなる。他方でこの年、F市において「見守りネットワーク」事業のための『実施要領』が示されるとともに、指定されたモデル地区において、それを管轄する支援センターを主体とした試験的な事業が展開される。すでに述べたように「見守りネットワーク」事業は、同じく開始される「介護予防」事業とともに、翌年度（二〇〇五年度）よりF市内全域において、支援センターの事業として本格的に展開されていくことになる。これら二つの新しい事業は実態把握と有機的に結びつけられてその後のF市の支援センター事業を構成していくことになるのである。

4　「地区関係者会議」と「地域」への働きかけ

二〇〇一年度よりF市では、地域型の支援センターの事業として「地区関係者会議」が設置運営される[(12)]。支援センターEでは前年度末の三月からその設置に向けた準備が開始される。F市がまとめた『要綱』によるとこの「会議」は、前年度から開始された介護保険制度およびそのサービスのあり方、F市の高齢者福祉サービスのあり方、および地域のネットワークのあり方、以上の三点についての、地域の関係者による意見交換の場として位置づけられている。

支援センターEでは、このオフィシャルな『要綱』をふまえた上でそれとは別に、自分たちが組織する「会議」のためのローカルな『要領』が作成され、「更に、地域の情報交換や意見交換を通じて安心に向けてのネットワーク作りを目的とする」ことがそこに明記される。支援センターEにおいてこの事業が、〈対象〉としての「地域」の把握と働きかけのために、より積極的に活用され

開催年月日	議題、内容など
2月21日	第10回　「食」を通じた自立支援についての考察
3月25日	第11回　1）来年度からの介護保険制度について 2）「食」を通じた自立支援についての考察
2003年4月23日	第1回☆1）会食会実施に向けての検討事項 2）今年度の地区関係者会議について
5月7日	第2回☆1）会食会実施への検討 2）各町内会の地域情報
5月23日	第3回☆第1回会食会として実施
6月6日	第4回☆1）第1回会食会の反省と考察 2）各町内の地域情報
7月2日	第5回☆第2回会食会として実施
9月12日	第6回☆1）第3回一人暮らし高齢者会食会実施への検討 2）各町内の地域情報
10月2日	第7回☆第3回会食会として実施
11月21日	第8回☆会食会を終えて
2月13日	第9回　地区介護相談員からの活動報告
2004年5月12日	第1回　1）H15年度会食会実施報告 2）H16年度地区関係者会議のあり方
6月8日	第2回　1）新委員紹介 2）「会議」の主旨と今年度の運営について
8月26日	第3回　1）自己紹介 2）介護保険サービスについての意見交換
10月14日	第4回　1）高齢者実態把握調査を終えての情報交換 2）サロンの報告
12月16日	第5回　1）高齢者実態把握調査後のフォロー訪問について 2）見守りネットワーク構築への意見交換
1月25日	第6回　1）介護保険サービスに関しての地域の声 2）見守りネットワーク構築への意見交換
3月2日	第7回　1）見守りネットワークの今後の展開について 2）介護保険サービスに関して（制度の見直しにともなう）
3月29日	第8回　1）介護保険制度の意見交換 2）見守りネットワークの今後の展開について

筆者が参加した会議には☆を付してある。

表2　「地区関係者会議」の議題、内容など

開催年月日	議題、内容など
2001年5月25日	第1回　今後の「地区関係者会議」の進め方／討議内容について
6月29日	第2回　1）社会福祉法人E在宅サービスの利用状況について 2）介護保険以外のサービス利用状況について
7月27日	第3回　介護保険制度について　市民の声・要望を中心に
9月21日	第4回　1）地区介護相談員の活動報告 2）グループ討議「介護保険制度　訪問介護に関する問題について」
10月26日	第5回　1）今後の「会議」の方向性について：利用者の本音をどのようにして聞き出すか 2）検討課題について
11月29日	第6回　1）地区介護相談員より活動報告（介護者教室参加家族からの聞き取り） 2）地区の状況について
1月21日	第7回　施設見学会とと食事サービス試食会
2月20日	第8回　今年度のまとめと次年度への提言1
3月20日	第9回　今年度のまとめと次年度への提言2
2002年4月17日	第1回　1）今年度の会の開催方法、テーマについて 2）各関係委員からの情報提供
5月15日	第2回　1）高齢者の住まいの問題について 2）緊急通報システムに関して ＊関連することとして権利擁護
6月21日	第3回　「高齢者の住宅問題について」（外部講師による講演）
7月26日	第4回☆「介護保険サービスについての意見交換」
8月30日	第5回　1）施設見学会を予定していたが、中止 2）社会福祉法人E食事会・懇談会
9月27日	第6回　1）施設見学会　2）意見交換会
10月25日	第7回☆地域問題についての情報交換
11月26日	第8回☆1）事例の紹介　2）地域サロン構想
1月16日	第9回　高齢者の「食」を考える

る場としての位置づけを与えられたことがわかる。

この「会議」は二〇〇四年度までほぼ月に一度の頻度で開催されていく。開始当初から「会議」を構成した一〇数名の委員の内訳は、支援センターEと関わりをもってきた民生委員が約半数、残りは自治会の役員やボランティアなどであった。GさんとHさんは「会議」の事務局を担当した。筆者は二〇〇二年度の第四回「会議」より参加し、二〇〇三年度は事務局に加わった。二〇〇四年度に委員が大幅に入れ替えられるまでの三年間にわたって、当初の委員編成をほぼ維持したまま「会議」は運営されていく。それぞれの年度に開催された「会議」の数は、二〇〇一年度が九回、二〇〇二年度が一一回、二〇〇三年度が九回、二〇〇四年度が八回である（表2参照）。毎回の「会議」の結果は『報告書』としてまとめられるとともに、それとは別に『中間報告書』や『年間報告書』がまとめられた年度もあった。

本節では、二〇〇六年度以降に実施した調査においてあらためて閲覧を許可されたこれらの『報告書』を主たる題材として、加えて、筆者自身も「関係者」の一人として関わった二〇〇二年からの関係文書やフィールドノーツなどを参照しながら、同じ委員編成で運営されていった二〇〇三年度までの「会議」の組織化の過程をふりかえるとともに、こうした〈資源〉の活用を通じてとりくまれていく〈対象〉としての「地域」への働きかけのあり方について考察していく。

4-1 「地区関係者会議」の組織化

初年度の第一回「会議」の『報告書』によると、F市が要請する「会議」の役割は、主として介護保険に関連した問題の収集や情報交換による課題の明確化とそれをふまえた市への提言にあったが、そこでは、それに加えて、「地域」の「安心」のための「ネットワーク」作りにまで目的を拡張することが、司会を担当したGさんの発言として確認できる。また、家族介護者の問題に関する委員とのやりとりからも、サービスにつながりにくい人々をどのようにしてサービスのネットワークの中に引き入れることができるのかという点をめぐって、「地域」における問題発見のための「ネットワーク」作りの必要性という問題関心のあり方を確認することができる。たとえばGさんのつぎのような発言が記録されている。

相談の会に見える方は、人数としては非常に少ない。そして、相談に来られない人のなかに、たくさんの相談者がいると思われる。いままでどうやって生活してきたのだろうかと思われるケースがたくさんあった。そのような人たちのための、ネットワーク作りをどのようにしたらよいのか考えなければならないと思う。（二〇〇一年度第一回「会議」『報告書』）

ここには、相談の積み重ねによる「地域」への働きかけという支援センターEの当初からの実践によっては把握しきれない多くの人々の存在が語られている。そしてそうした人々へ接近するための手段として「ネットワーク作り」の必要性が述べられているといえよう。こうした関心、すなわち、「地域」に潜在化している何らかの支援を必要としている可能性のある人々をどのように可視化し、福祉的支援へと繋げていくことが可能なのかという問題関心は、この「会議」においてたびたび議論されていくことになる。

その後の「会議」でも、介護相談員を兼務する民生委員からの活動報告をふまえて行われた討議において、「何らかのサービスを受けている人はどこかにつながっているが、全くサービスを受けていない人をどう把握し、サポートするか」（二〇〇一年度第四回「会議」『報告書』）という問題が提起されている。さらにつづく第五回「会議」においても、たとえば、介護保険のサービス利用を拒否する人が多く、「地域」とのつながりがない人への働きかけが難しいという委員の見解を受けて、支援センター職員からは、「危機介入のケースになる前に、介護予防・自立支援の援助が必要」（二〇〇一年度第五回「会議」『報告書』）との意見が示されている。

こうした課題を討議していく中で、以前にくらべて自らの地域に対する関心が高まったというある委員の発言がつぎのようにまとめられている。

委員になって、一個人として地域の状況に目を配るようになった。自分の地域にも一人暮らしで閉じこもりがちな高齢者がいて気になり、声をかけている。(二〇〇一年度第五回「会議」『報告書』)

ときに「ケースの掘り起こし」(二〇〇一年度第六回「会議」『報告書』)と表現されるこうした潜在的利用者をめぐる議論においては、そうした人々とは誰なのかという議論、つまり対象となる人々の特徴を特定化し定義づけるやりとりが展開していった。そのような議論の中では、たとえば「一人暮らし」「閉じこもり」「男性」といったいくつかのキーワードによって、「地域」に構築される「ネットワーク」によって「掘り起こ」されるべき人々のイメージが少しずつ限定化され具体化されていく。とくに「男性高齢者」をめぐる問題がしばしばとりあげられ、かれらを含めて家に「閉じこもり」がちで「地域」との関わりが薄い人々をどのようにしたら表に引き出すことができるのかということをめぐって議論が続けられていく。

こうした議論の中から、高齢者が集まることのできる「サロン」(二〇〇一年度『中間報告書』)を作るというアイデアが浮上してくる。この「サロン」構想は、「会議」において折に触れて話題となってきたようであるが、『報告書』に登場するのは二〇〇一年一一月の『中間報告書』が初めてである。

二〇〇二年一月に開催された第七回「会議」は、外部の施設見学に加えて、支援センターEを運営する社会福祉法人Eの厨房と連携した試食会が実施された。特別養護老人ホームを運営するとともに配食サービスも実施している社会福祉法人Eが用意する食事がどのようなものであるのかということについて知りたいという委員の要望と、「サロン」構想との関わりにおいて社会福祉法人Eの施設の利用可能性を議論する中で、この試食会は実現したようである。

つづいてとりあげていくように、二〇〇三年度にはこの「会議」が主体となって「一人暮らし高齢者」を対象とした「会食会」が試験的に実施される。そうしたその後の展開から考えると、この試食会はそうした活動への布石となったように思われる。二〇〇一年度最後の「会議」（第九回）の模様をまとめた『報告書』においては、「今年度のまとめと次年度への提言」として「高齢者が気軽に集まれるサロン」をめぐる問題が、課題のひとつとして示されている。

4-2 「地域サロン」と「見守り」

翌二〇〇二年度の「会議」においても前年度の方針が踏襲され、介護保険に関わる情報交換と「地域」が抱える問題が議論されていく。当初はより具体的なテーマとして「高齢者の住宅問題」がとりあげられ（二〇〇二年度第二回「会議」『報告書』）、また第三回「会議」では外部講師を招聘した講演も実施されている。「介護保険サービスについての意見交換」という議題設定がなされたつづく第四回「会議」から、筆者が初めて参加することになるのだが、十数名の委員による「わきあいあいとしたフリートーク」の場という第一印象をもった（f.n. 20020726）。

そこでは、潜在的利用者をいかにしてサービスへと繋げていくかが問題とされ、自治会のとりくみの例が委員から紹介され、またしばしば問題にされてきた「男性」への働きかけについて活発な意見交換がなされた。また、社会福祉法人Eの施設を利用した地域の高齢者の交流の場である「サロン」の実施の可能性について、何人かの委員からより現実的な提案がなされていく。第六回「会議」は、前回中止となった施設見学会が実施されるが、それにつづいて実施された意見交換会において、「地域サロン構想」についての話題が明確な議題となる。

以前より、地域の高齢者が気軽に集まれる場所作りについての意見が出ている。Eのような福祉施設について、その活用は十分にされているのかという検討が必要。施設は、地域の人がもう少し気軽に出入りでできる雰囲気や機会があればよい。（二〇〇二年度第六回「会議」『報告書』）

この「地域サロン」は、「地域」における潜在的な対象者を顕在化させることでその生活を「見守る」ことを可能にするためのひとつの手段として構想されている。「地域問題についての情報交換」として設定された第七回「会議」においては、「見守りネットワーク」という表現を用いて「地域」のネットワーク形成が議論される。さらにそうした働きかけの手段としての「サロン」をめぐっては、「福祉に関する情報がえられる場所づくり」「情報を行き渡らせるためのひとつの方法」「必要な情報をやりとりできる場所」といった位置づけがなされ、とりわけ孤立している人が参加できるような場所であることが望ましいとされた。『報告書』にはつぎのような記録が残されている。

施設に地域の方が利用できる喫茶店のような場所があれば人が集まりやすい。他の施設で喫茶店をやっている所を知っているが、利用者や家族以外に利用は少ない様子。（二〇〇二年度第七回「会議」『報告書』）

4-3　介入の根拠を明確化する

こうしたとりくみを実現していくにあたって、「会議」において懸案となっていた事柄がある。それは、支援センターからの働きかけを望まない人々に対してどのように対応していくかという問題である。「サロン」についても、本人が参加を望まない場合は機能しないのではないかという問題が指摘された（f.n. 20021025）。すでに、「一人暮らし」で「閉じこもりがち」、そしてそうであるがゆえに「地域」との関わりが薄く潜在化している高齢者という対象者のイメージが形成されつつあったが、そうした人々の中から支援センターとの関わりを望まない人々をあらかじめ区別することはできない。かれらの意思確認を行うこと自体が、何らかの関わりの形成を含意するからである。

このことはそうした人々の私生活を尊重するというきわめてまっとうな配慮にもとづくものであるが、支援センターによる「地域」への働きかけの妥当性を担保するためには、この問題を処理すること、すなわち介入の根拠を明確化することが求められたのである。

第八回「会議」において紹介された「事例」とそれをめぐる議論がひとつの打開策を示すことになる。そこでは引き続き「見守り」と「サロン」が議題となり、その実現に向けての意見交換がなされたのであるが、それに関連する「事例」として、ある民生委員（Kさん）が関わった事件が報告された。フィールドノーツと「会議」の配布資料（「一人暮らしのLさん（男性）の緊急入院の一例」）によればその概要はつぎのようなものである。

身寄りのない高齢者Lさんが自転車で外出中に事故にあい病院に運ばれた。病院の側もLさんが身寄りのない一人暮らしだったために対応に苦慮し、K民生委員に連絡が入る。Kさんはさしあたり基幹型支援センターに連絡し、翌日には市にも繋いでおこうと考えていた。しかし、緊急の手術が行われることとなり、その際に手術への同意書が必要となった。Lさんの家族への連絡は困難であり、病院はK民生委員に手術の同意を求めたが、Kさんは躊躇した。最終的には、Lさん本人の意思確認が可能であったため、手術は実施された。

この「事例」報告を受けて「会議」では委員による意見交換が行われた。そこでは「地域の見守りネットワークの重要性」が議論され、「予防的に、独居の高齢者に関われる機会をつくらないと、緊急に対応しきれないケースがたくさんでてきてしまう」という危惧や、「身寄りのない方についての緊急時の対応法を明確化したい」といった要望が示されるとともに、「病院側は地域の民生委員でも手術同意や保証人になることを求めてくる。いわれるままに引き受けていまい、後で、どうしてそんなことをしたのか、といわれることもあり、困っている」といった先の「事例」と同様の問題が指摘された（二〇〇二年度第八回「会議」『報告書』）。

こうした議論を通じて、本人の意思にかかわらず介入せざるをえないような類いの私生活というものが存在しているという現実認識の共有化が図られていく。私生活への介入が正当化されるのは、一般にその生活が介入されるべき何らかの問題をもつものとして現に営まれているとみなされる場合であるが、この「事例」をめぐるやりとりにおいては、将来的に発生しかねない問題への事前の対処として現在の生活への介入の妥当性が問題とされた。それは発生した問題からさかのぼって、あらかじめ何らかの介入があったならばその問題の発生を未然に防ぐことが可能だったかもしれないという推論にもとづくものである。

「会議」では、地域との関係が稀薄なまま不安定な生活をおくることにより、状態がきわめて悪化した時点で、民生委員などを通して「発見」されるこうしたケースは、「一人暮らし男性の典型的パターン」（f.n. 20021126）として類型化された。緊急性が高く危険なケースを想定すること、そして「予防」をひとつのキーワードとすることで、私生活への介入の妥当性が明確化されていくのである。

こうした一連の「解釈実践」（Gubrium and Holstein 2000=2006）をふまえて、これまで検討されてきた「地域サロン」をめぐる構想がより具体化された形で提案される。同じ「会議」における配布資料（「地区関係者会議　地域サロン構想（案）」）においては、このサロンの対象者を「閉じこもりがち」で「孤立」した「行き場のない」高齢者、「生活支援の必要な高齢者で、現在あるサービスや制度から、何かしらの理由で外れている」が、「Eの施設に自分で歩いてくることができる方」として規定している。そして、このサロンの目的を（1）「地域とのつながりの第一歩」「居場所作り」「福祉情報の入手」「生きがい、役割の発見」とするとともに、（2）「介護予防」「地域の見守りネットワークの土台」とすることが示されている。

加えて、第九回から第一一回の「会議」においては、高齢者の「食生活」のあり方が議題としてとりあげられる。「「食」を通じた自立支援についての考察」（二〇〇二年度第一〇回「会議」『報告書』）をふまえて、高齢者の「食」を通じた「介護予防」「食生活の改善」「ひきこもりからの脱却」といった目的のもとで、社会福祉法人Eの施設を利用した「昼食サロン」の開設が現実的な検討課題として提案されるにいたるのである。

5　小括と課題

自らを「地域」における「安心の拠点」と位置づけた支援センターEにおいては、その実現に向けて〈対象〉としての「地域」への働きかけが設置以来さまざまなやり方でつづけられてきた。ここでは、さらに〈資源〉としての「地域」の活用の過程を、とりわけ民生委員を中心とした「地区関係者会議」の活動に着目しながら考察してきた。

二〇〇三年度にはそれまでの「会議」での議論をふまえて、一人暮らし高齢者を対象とした「会食会」が社会福祉法人Eの施設を利用して試験的に実施される。「お一人暮らしの方の安心支援体制作り」と「食の自立支援」という二つの目的設定によって、この「会食会」は共食の場での集まりを契機とした人々の関係づけによるネットワークの形成と支援体制の構築のための機会として位置づけられる（二〇〇三年度第二回「会議」『報告書』）。

一方で、この年度からHさんを中心として実態把握が自覚的にとりくまれていくが、この「会食会」はそうしたとりくみとも連動しながら参加者が募られていく。四〇名強の参加者は町単位で編成された四グループに分けられ、それぞれ毎月一回の「会食会」が開催されていく。その後、約六割の参加者に対して、Hさんと筆者によって訪問による聞き取り調査も実施された。調査によって明らかにされたことのひとつは、その内実は男女で異なるものの「食」をめぐるニーズが存在することであり、さらにこのことから、共食の場というこの会の性格が、福祉的支援の〈対象〉となることについての参加者の抵抗感の緩衝となりえるではないかという所見が引き出された（「会食会参加者への聴き取り調査について」）。こうした結果をふまえて、この会は翌二〇〇四年度より「Eサロン」として事業化され、本格的に実施されていくことになる。

二〇〇四年度の「地区関係者会議」は委員編成を一新するとともに、議題もその翌年度から各支援センターへと委託される「見守りネットワーク」事業をめぐるものへと変わっていく。支援センターEが独自にとりくんできた「地域」における「ネットワーク」の構築という課題は、二〇〇五年度以降F市が主導する「見守りネットワーク」事業と「介護予防」事業へと組み込まれていくことになる。

Gさんを中心としてとりくまれてきたこうした「地域」への働きかけは、さまざまな偶発的な出来事に対するその都度の対処によって展開してきたものであるといえるが、その際につねに指針となっていたのは、「安心の拠点」としての支援センターという位置づけであった。かれらのとりくみを観察してきて興味深く思うことのひとつは、分析的に区分した〈対象〉と〈資源〉の互換可能性とでもいえるような性質である。

〈対象〉となった人々は、かれらがまだ元気であるうちは「地域」における〈資源〉ともなりうる人々である。実際、「Eサロン」においては、近所の知人を紹介したいと申し出る参加者も少なからずいた。さらに「地区関係者会議」の委員なども含めて〈資源〉としてのそうした人々との関わりは、かれらが将来的に「地域」に潜在化してしまうことを結果的に「予防」することにもつながる。その後F市において展開されている「見守りネットワーク」と「介護予防」という二つの事業の間にも同様の指摘ができるかもしれない。

人々の私生活への介入を含意した「地域」の組織化は現在も持続的にとりくまれている進行中の課題である。福祉的実践の一例としてとりあげた支援センターEの働きかけは、行政との連携のもとでよりいっそうの広がりをみせつつある。こうした「地域」の組織化の中で浮上してくる問題のひとつに既存の地縁組織との連携の難しさという問題がある。自治会や老人会などそうした諸組織との関係調整を課題としながら、「地域ネットワーク構築」（副田 2006）へ向けての働きかけがどのように進みつつあるのかを明らかにすることなどについては今後の課題としたい。

と同時にあらためて考えなくてはならないと思うことは、いわゆる家族的な生活形態が福祉的支援の対象としては優先順位が低く、結果的に、そうした人々への福祉的関わりが後回しになっているという現実についてである。

時期を重複しながら筆者自身が関わったもうひとつの実証研究では、夫婦のみで暮らす高齢者の生活課題を経年で追ったが、そこで明らかになったことのひとつはかれらが文字通り「夫婦として」暮らしていることによって、老いによって生じるさまざまな問題に対するかれら自身の自助的な対処が夫婦という関係の持続的な組織化の中に回収されていくということである。結果としてかれらは地域社会や福祉的支援の網から漏れていくことになる（新田・木戸 2007）。かれらがより適切に夫婦であろうとすればするほどに、問題を抱え孤立しかねないような現実があるということである。

さらに、本章であつかった支援センターEのケースと同様に、対象が夫婦である場合、一人暮らしなどにくらべて、サービス提供者からの関わりの優先度は相対的に低くなり、かれらが抱えているかもしれない問題は潜在化してしまうことになる（木戸・新田 2008）。双方にとって一見合理的なこうした事態は、いわば意図せざる結果として、問題が深刻化した時点での介入の必要性をうみだすことになる。それがどのような内実もつものであれ、夫婦や親子といった家族的な関係性の中に置かれる者に対しての福祉的な関わりが二の次になりがちであるということは、家族が「福祉追求」の集団であると期待されていることのあらわれなのかもしれない。このことの意味を問い直していくこと、これをつぎなる研究のスタートラインに置きたい。

注

（1）以下では煩雑さを避けるために文脈上省略することが可能場合は「支援センター」と表記する。ただし、新しく創設されている「地域包括支援センター」との異同を明確にするために、「支援センター」の表記は「在宅介護支援センター」の省略表記としてのみ用いる。

（2）それらの研究は、制度変遷の流れの整理にもとづくもの（藤原 2000；阿部・片山 2005；武田 2005など）、および経験的調査にもとづくもの（春名 2004；副田 2004, 2006；舟木 2005など）、といったように大きく分けられるが、そのいずれにおいても、この事業がかかえる問題を析出するとともにその今後のあり方が考察されている。本研究ではこれらの諸研究に学びつつ、ただしそれらとは異なる分析水準に立って、「脱私事化」との関わりで現代の社会変動のあり方を探る。

（3）二〇〇四年の全国在宅介護支援センター協議会による報告書『これからの在宅介護支援センターの在り方』などは、タイトルからもわかるように「在り方」そのものがとりあげられている。ただし、それに先立つ二〇〇〇年の同協議会よる『これからの在宅介護支援センターの機能と役割について』などにおいても、問題とされているのはやはりその「在り方」である。

(4) 内一名は名目上配置された看護士であり、その意味では実質的には二名体制であった。
(5) この名称（「地区関係者会議」）は固有名称秘匿化のための仮称である。
(6) 筆記に関してはB6サイズのノートの約七〇ページ分が使用され、テキストファイルについては、合計二八回分の訪問で、総ファイルの容量の合計は約一三六KBとなった。
(7) 調査時点でGさんは五〇歳代後半、Hさんは三〇歳代前半と年齢的には親子ほどの差があり、当初二人の間には仕事の習熟に関してベテランとルーキーとでもいえるような関係性が観察された。
(8) すでに述べたように、福祉専門職集団としての支援センターによる地域への関わりの強化とその構想ならびに組織化の過程を、ここでは、そこに生きる人々の生活の「脱私事化」の一側面として問題化している。近代社会を形作ってきた公私領域の分割編成に対して、「脱私事化」はその再編をうながすような変動の一端であるが、こうした進行中の構造的変化のただ中において、ここでの支援センターはいわばそのエージェントとしてみなすことができるだろう。
(9) フィールドワークの現場においても、ふとした雑談の中で、いまでは協力的に連携し活動している民生委員たちが、当初はいかに怖い存在であったかというエピソードを何度となく耳にした。
(10) こうした用語の転換についてGさんに尋ねたところ、だいたいこの頃からではなかったかと二〇〇三年に開催された支援センター職員による研修会の冊子を手渡された（f.n. 20060828）。また、「地区関係者会議」に関わる文書においては、二〇〇二年一〇月に初めて「見守りネットワーク」という表現が登場する。
(11) これは援助の必要性という観点から考えるならば適切な判断であるといえようが、結果的に、一人暮らし世帯と同じように潜在化しがちな、夫婦のみ世帯や中年未婚子と高齢の親世帯などの実態把握が後回しになったわけである。

(12) この節では、煩雑さを避けるために、文脈上省略可能な箇所についてはこの「地区関係者会議」を「会議」として表記する。

あとがき

いまこうして「あとがき」を書いていることを本当にうれしく感じつつ、まさにいまこうして「あとがき」を書いている、ということを実感している。というのも、本書を書き上げる道のりが、思っていた以上に長く険しいものであったから。

「はじめに」でも書いたように、本書はここ一〇年くらいにやってきたことをベースにしている。これからどういう方向に進んでいくのかを自分自身で見極めるためにも、これまでの一応のまとめをしておこう、といったほどの心づもりでとりくんできたものなのであるが、しかし、これがなかなかにやっかいで、じつに骨の折れる作業だった、とつくづく思う。

後に述べるようなさまざまな方々との出会いの中で、家族社会学を専門とし研究をつづけてきたわけであるが、言語学や記号学に対する素朴な関心を携えての主観的家族定義論に始まり、これまでの家族社会学の蓄積された成果にふれる中で遭遇した「核家族論争」のおもしろさに引き込まれ、さらに、台頭してきた社会構築主義の波に、タイミングよく比較的若いうちに乗ることができた。

そして、そこで手に入れた知識や道具を手に、福祉の現場へと分け入りけっして器用なものとはいえないながらも経験的研究を開始した。このように書いてみると、それなりに順風満帆にいっているような気もしてくるのだが、それらは筆者が自ら意図して計画的に進めてきた展開では必ずしもない。文字通りさまざまな偶発的な出来事や出会いの中で、相応に悩んだりなんだりしながら進んできた大きく蛇行する道だった、と思う。だからなのだろう、実際にこのさほどボリュームがあるわけでもない書物の中に、それらをそこそこに順序づけ、関連づけながらまとめあげていくという作業は、骨の折れるものだった。

さて、本文中にもたびたび登場するジェイバー・グブリアム先生が二〇〇三年に来日されたときのこと。幸運にもいろいろなお手伝いをさせていただく機会をえた。京都での合宿講演会のあとで、東京にも立ち寄っていただき、家族問題研究会の例会で「家族への構築主義的接近」というタイトルで講演をしていただいた。

その頃わたしはポストドクターとして当面の生活には困らない身ではあったものの、任期が終われば無職という宙ぶらりんの身分が劇的に変化する予兆などもなく、少々くさり気味であった、と思う。例会のあとの懇親会で、ややおおげさに「悲しいことに日本では構築主義的な家族研究はなかなか評価されないんですよぉ」といった類いの愚痴をこぼしたところ、グブリアム先生は、だいたいつぎのようなことをおっしゃった。「なにかあったらいつでもオレに連絡しろ。お前を嫌な目にあわせるようなやつは許さない。オレがそいつの足をへし折ってやるから」的な発言。酒の席での戯言のようなものかもしれない。が、こちらのテンションもあがり、大いに盛り上がった。国境を越えた擬制的親子関係がまさに構築された瞬間である、と勝手に思ったものだ。

その後わたしは縁があって、現在の勤務先に就職することになる。グブリアム先生には就職の報告をすることができたのである。誰も傷つかずに済んでほっとした。というのはもちろん冗談である。軽口はこれくらいにしておこう。

本書を書き上げるまでにはじつに多くの方々にお世話になりました。

まず、大学院時代の指導教授である濱口晴彦先生、その当時から現在にいたるまで家族社会学者としてご指導いただいている池岡義孝先生にお礼を申し上げます。なんとか独り立ちして数年が経ちますが、ご期待にお応えできているだろうか、とときに不安にもなります。ただもう、これがいまはいっぱいいっぱいです。その池岡先生を中心として開催されている家族社会学研究会のメンバーの皆さん、構築主義ということとの関わりでは、「の」研のメンバーの皆さんにも大変お世話になりました。ありがとうございました。

勤務先である札幌学院大学の同僚の皆さんにも心より感謝いたします。本書は、二〇〇六年度および二〇〇七年度の札幌学院大学研究促進奨励金(SGU-S06-205008-10およびSGU-S07-205008-13)の成果の一部でもあります。また、本書の校正とこの「あとがき」などの執筆を行っている現在、わたしは国内留学研修の機会を与えられ、自らの研究活動に専念することを許されています。このような機会を与えていただいたことも含めて、お礼を申し上げたいと思います。それから、札幌学院大学に加えて、早稲田大学、聖心女子大学、立教大学、和光大学において、わたしのつたない講義に耳を傾けてくださった多くの学生の皆さん、ゼミで一緒に勉強した学生の皆さんにも感謝しています。本当にありがとう。

本文中にとりあげた社会福祉法人AおよびEの関係者の皆さんには、貴重なお時間を割いてご協力いただきました。とくに、長年にわたって現場でわたしを「指導」してくださった大学の先輩でもあるGさん、それからHさん、本当にありがとうございました。

本書の編集を担当していただいた新泉社の竹内将彦さんには筆の遅いわたしに粘り強くおつきあいいただきました。なんとか形にできたのも竹内さんの叱咤激励のおかげです。

ここに記した以外にも、さまざまな方々からの影響やはげましによって、本書はなんとか完成しました。本当にありがとうございます。とはいえ、いたらぬ点はすべて筆者の不徳の致すところにあります。最後に、両親と、あんまり家にいない夫・父を支えてくれている妻と娘、それから、何を考えているのかさっぱりわからない二匹の猫さんたちに感謝いたします。

二〇〇九年一一月

木戸　功

索　引

【サ行】

【タ行】

【ナ行】

【ハ行】

【マ行】

【ヤ行】

【ラ行】

【ワ行】

参考文献

阿部政博・片山弘紀, 2005,「在宅介護支援センターの変遷と今後の課題：介護保険制度前後のＡ市Ｃ在宅介護支援センターの事例から」『武庫川女子大学紀要（自然科学)』53：23-28.

Adams, R. N., 1960, "An Inquiry into the Nature of the Family," in G. Dole and R. L. Carneiro (eds.), *Essays in the Science of Culture,* Thomas Y. Crowell. 30-49.

青木紀, 2007,「「家族と貧困」研究の動向と課題」『家族研究年報』32：78-83.

有地亨, 1970,「現代家族をめぐる社会的状況」『法政研究』36（2-6）：213-247.

有地亨, 1993,『家族は変わったか』有斐閣.

有賀喜左衛門, 1960,「家族と家」『哲学』38：79-110.

鮎川潤, 1998,「家族の「ディプライバタイゼーション」:「ディプライバタイズ」する家族」『季刊　家計経済研究　1998・秋』27-34.

――, 2001,「構築主義的アプローチ」野々山久也・清水浩昭編『家族社会学の分析視角：社会学的アプローチの応用と課題』ミネルヴァ書房, 344-362.

Berger, P. and H. Kellner, 1964, "Marriage and the Construction of Reality：An Exercise in the Microsociology of Knowledge," *Diogenes*, 12（46）：1-24.（望月重信訳, 1988,「結婚（生活）と現実の構成」（抄訳）『明治学院論叢』10：91-111.）

Bernardes, J., 1987, "'Doing Things with Words'：Sociology and 'Family Policy' Debate," *Sociological Review*, 35：679-702.

――――, 1993, "Responsibilities in Studying Postmodern Families," *Journal of Family Issues*, 14（1）：35-49.

――――, 1997, *Family Studies：An Introduction*, Routledge.

Cheal, D., 1991, *Family and the State of Theory*, University of Toronto Press.

——, 2002, *Sociology of Family Life*, Palgrave Macmillan.（野々山久也監訳，2006,『家族ライフスタイルの社会学』ミネルヴァ書房.）
Demo, D. H., W. S. Aquilino and M. A. Fine., 2005, “Family Composition and Family Transitions,” in V. L. Bengston et al. (eds.), *Sourcebook of Family Theory and Research*, Sage Publications, 119-142.
Doherty, W. J., P. G. Boss, R. LaRossa, W. R. Schumm and S. K. Steinmetz, 1993, “Family Theories and Methods：A Contextual Approach,” in P. G. Boss et al. (eds.), *Sourcebook of Family Theories and Methods：A Contextual Approach*, Plenum Press, 3-30.
Fineman, M, A., 1995, *The Neutered Mother, the Sexual Family and Other Twentieth Century Tragedies*, Routledge.（上野千鶴子監訳，2003,『家族，積みすぎた方舟：ポスト平等主義のフェミニズム法理論』学陽書房.）
————, 2004, *The Autonomy Myth: A Theory of Dependency*, New Press.（穐田信子・速水葉子訳，2009,『ケアの絆：自律神話を超えて』岩波書店.）
Fraser, N., 1997, *Justice Interruptus: Critical Reflections on the 'Postsocialist' Condition*, Routledge.（仲正昌樹監訳，2003,『中断された正義：「ポスト社会主義的」条件をめぐる批判的省察』御茶の水書房.）
藤見純子・西野理子，2004,「親族と家族認知」渡辺秀樹・稲葉昭英・島尚子編『現代家族の構造と変容：全国家族調査［NFRJ98］による計量分析』東京大学出版会，381-412.
藤崎宏子，2000,「家族と福祉政策」三重野卓・平岡公一編『福祉政策の理論と実際：福祉社会学研究入門』東信堂，111-137.
————, 2009,「介護保険制度と介護の「社会化」「再家族化」」『福祉社会学研究』6：41-57.
藤原苗，2000,「在宅介護支援センターのケアマネジメント実践：介護保険の影響による変化と課題」『関西学院大学社会学部紀要』88：47-57.
船橋恵子，1996,「家族研究の現状と課題」井上俊・上野千鶴子・大澤真幸

他編『〈家族〉の社会学』岩波書店，237-256.
舟木紳介，2005，「社会福祉専門職と相談：在宅介護支援センターの政策展開との関係性からの検討」『社会福祉学』45 (3)：33-42.
布施晶子，1987，「家族研究の軌跡と課題」『社会学評論』38 (2)：22-38.
Garfinkel, H., 1967, “Studies of the Routine Grounds of Everyday Activities,” in *Studies in Ethnomethodology*, Polity Press, 35-75.（北澤裕・西阪仰訳，1989，「日常活動の基盤：当り前を見る」『日常性の解剖学：知と会話』マルジュ社，31-92.）
Giddens, A., 1990, *The Consequences of Modernity*, Polity Press.（松尾精文・小幡正敏訳，1993，『近代とはいかなる時代か：モダニティの帰結』而立書房.）
———, 1991, *Modernity and Self-Identity: Self and Society in the Late Modern Age*, Stanford University Press.（秋吉美都・安藤太郎・筒井淳也訳，2005，『モダニティと自己アイデンティティ：後期近代における自己と社会』ハーベスト社.）
———, 1992, *The Transformation of Intimacy: Sexuality, Love and Eroticism in Modern Societies*, Polity Press.（松尾精文・松川昭子訳，1995，『親密性の変容：近代社会におけるセクシュアリティ，愛情，エロティシズム』而立書房.）
———, 1999, *Runaway World: How Globalisation is Reshaping Our Lives*, Profile Books.（佐藤隆光訳，2001，『暴走する世界：グローバリゼーションは何をどう変えるのか』ダイヤモンド社.）
Goode, W. J., 1963, *World Revolution and Family Patterns*, The Free Press.
———, 1964, *The Family*, Prentice-Hall, inc.（松原治郎・山村健訳，1967，『家族』至誠堂.）
Gubrium, J. F., 1993, “Introduction,” *Journal of Family Issues*, 14 (1)：3-4.
Gubrium, J. F. and J. A. Holstein, 1990, *What is Family?*, Mayfield Publishing.（中河伸俊・湯川純幸・鮎川潤訳，1997『家族とは何か：その言説と現実』新曜社.）
———, 1993, “Phenomenology, Ethnomethodology, and Family

Discourse," in P. G. Boss et al. (eds.), *Sourcebook of Family Theories and Methods*：*A Contextual Approach*, Plenum Press, 651-672.
———, 1997, *The New Language of Qualitative Method*, Oxford University Press.
———, 2000, "Analyzing interpretive practice." in N. K. Denzin and Y. S. Lincoln eds. *Handbook of Qualitative Research*, Sage Publications, 487-508.（古賀正義訳，2006，「解釈実践の分析」『質的研究ハンドブック 2 巻：質的研究の設計と戦略』北大路書房，145-167.）
Gubrium, J. F. and J. A. Holstein (eds.), 2006, *Couples, Kids, and Family Life*, Oxford University Press.
Harris, S. R., 2006, *The Meanings of Marital Equality*, State University of New York Press.
———, 2008, "What Is Family Diversity?：Objective and Interpretive Approaches", *Journal of Family Issues*, 29 (11)：1407-1425.
春名苗，2004，「在宅介護支援センターの再構築における類型化の方向性：兵庫県内在宅介護支援センターの聞き取り調査に基づくこころみ」『関西学院大学社会学部紀要』96：235-244.
畠中宗一，2009，「山根家族論の家族支援論への応用と展開」『家族研究年報』34：63-72.
平野俊政，1994，『現代社会と家族的適応』慶応通信.
Holstein, J. A. and J. F. Gubrium, 1994, "Constructing Family：Descriptive practice and Domestic Order," in T. R. Sarban & J. I. Kitsuse (eds.), *Constructing the Social*, Sage Publications, 232-250.
———, 1995, "Deprivatization and the Construction of Domestic Life," *Journal of Marriage and the Family*, 57：894-908.
———, 2000a, *Constructing the Life Course, 2nd edition*, General Hall.
———, 2000b, *The Self We Live by : Narrative Identity in a Postmodern World*, Oxford University Press.

橋爪貞雄，1974，「現代家族の機能論」青山道夫・竹田旦・有地亨・江守五夫・松原治郎編『講座家族 2　家族の構造と機能』弘文堂，83-96.
狭間香代子，2001，『社会福祉の援助観：ストレングス視点・社会構成主義・エンパワメント』筒井書房.
井口高志，2007，『認知症家族介護を生きる：新しい認知症ケア時代の臨床社会学』東信堂.
飯田哲也，1985，『家族社会学の基本問題』ミネルヴァ書房.
————，1996，『現代日本家族論』学文社.
池岡義孝，2000，「家族社会学における量的／質的方法の二分法的理解とその成立」『家族社会学研究』12（1）：55-66.
————，2003a，「家族研究における質的方法の新たな展開」『社会学年誌』44：1-13.
————，2003b，「戦後家族社会学の成立と家族調査」『年報社会科学基礎理論研究　社会調査の知識社会学』2：61-77.
————，2009，「山根家族社会学の形成過程」『家族研究年報』34：49-62.
池岡義孝・木戸功，1996，「「核家族論争」再考試論」『ヒューマンサイエンス』9（1）：126-140.
石原邦雄，1988，「家族と社会福祉」正岡寛司・望月嵩編『現代家族論：社会学からのアプローチ』有斐閣，254-281.
磯田朋子，1996，「家族の私事化」野々山久也・袖井孝子・篠崎正美編『いま家族に何が起こっているのか：家族社会学のパラダイム転換をめぐって』ミネルヴァ書房，3-27.
岩渕亜希子，2009，「高齢者ケアと家族」野々山久也編『論点ハンドブック家族社会学』世界思想社，291-294.
家族研究部会，1957，「戦後における家族の実態」『社会学評論』7（3/4）：114-145.
木戸功，1998，「「家族社会学」の構築：「核家族論争」を再考する」『家族研究年報』23：2-17.
———，1999，「私の家族・他者の家族・家族というもの」川野健治・圓岡偉男・余語琢磨編著『間主観性の人間科学：他者・行為・物・環境の言説再構にむけて』言叢社，155-180.
木戸功・松木洋人，2003，「ふつうに家族であることを成し遂げる：家族生

活の組織化と成員カテゴリー化分析」『社会学年誌』44：15-31.
木戸功・新田雅子，2008，「後期高齢期の夫婦のみ世帯における生活課題特性（Ⅲ）：フォーマルサービスへのアクセスとサービス利用プロセスに着目して」『高齢者問題研究』24：1-16.
喜多野清一，1965，「日本の家と家族」『大阪大学文学部紀要』11：3-49.
厚生省編，1996，『平成8年版厚生白書　家族と社会保障：家族の社会的支援のために』ぎょうせい.
小山隆，1950，「家族」弘文堂編集部編『社会構成の原理』弘文堂，21-35.
―――，1959，「家族形態の類別」新明博士還暦記念論文集刊行会編『社会学の問題と方法』有斐閣，211-228.
小山隆編，1960，『現代家族の研究：実態と調整』弘文堂.
久保田裕之，2009，「「家族の多様化」論再考：家族概念の分節化を通じて」『家族社会学研究』21（1）：78-90.
Laing, R. D., 1961, *Self and Others*, Tavistock Publications.（志貴春彦・笠原嘉訳，1975，『自己と他者』みすず書房.）
Levin, I. and J. Trost, 1992, "Understanding the Concept of Family," *Family Relations*, 41：348-351.
Levy, M. J., 1955, "Some Questions about Parsons' Treatment of the Incest Problem," *British Journal of Sociology*, 6（3）：277-285.
Luhmann, N., 1982, *Liebe als Passion*：*Zur Codierung von Intimät*. Suhrkamp.（佐藤勉・村中知子訳，2005，『情熱としての愛：親密さのコード化』木鐸社.）
前田泰樹・水川喜文・岡田光弘編，2007，『エスノメソドロジー：人びとの実践から学ぶ』新曜社.
Mann, S. A., M. D. Grimes, A. A. Kemp and P. J. Jenkins, 1997, "Paradigm Shifts in Family Sociology?：Evidence From Three Decades of Family Textbooks," *Journal of Family Issues*, 18（3）：315-349.
正岡寛司，1981，『家族：その社会史的変遷と将来』学文社.
―――，1988，「家族のライフスタイル化」正岡寛司・望月嵩編『現代家族論：社会学からのアプローチ』有斐閣，55-73.
松原治郎，1964，『現代の家族：新しい家庭の条件』日本経済新聞社.

――――，1965，「家族社会学の現状」尾高邦雄・福武直編『二〇世紀の社会学』ダイヤモンド社，175-192.
――――，1968，「家族」綿貫譲治・松原治郎編『社会学研究入門』東京大学出版会，39-63.
――――，1969，『核家族時代』日本放送出版協会.
松木洋人，2001，「社会構築主義と家族社会学研究：エスノメソドロジーの知見を用いる構築主義の視点から」『哲学』106：149-181.
――――，2003，「家族規範概念をめぐって」『年報社会学論集』16：138-149.
――――，2005，「子育て支援サービスを提供するという経験について：ケア提供者の語りにおける「子ども」カテゴリーの二重性」『家族研究年報』30：35-48.
――――，2007，「子育てを支援することのジレンマとその回避技法：支援提供者の活動における「限定性」をめぐって」『家族社会学研究』19（1）：18-29.
――――，2009，「「保育ママ」であるとはいかなることか：家庭性と専門性の間で」『年報社会学論集』22：162-173.
松本伊智朗，2008，「貧困の再発見と子ども」浅井春夫・松本伊智朗・湯澤直美編『子どもの貧困：子ども時代のしあわせの平等のために』明石書店，14-61.
望月嵩，1968，「《本の紹介》「家族社会学」」『ケース研究』106：15.
――――，1987，「概説日本の社会学　現代家族」望月嵩・目黒依子・石原邦雄編『リーディングス日本の社会学 4　現代家族』東京大学出版会，3-14.
Morgan, D. H. J., 1996, *Family Connection：An Introduction to Family Studies*, Polity Press.
――――, 1999, "Risk and Family Practices：Accounting for Change and Fluidity in Family Life," in E. B. Silva and C. Smart (eds.), *The New Family?*, Sage Publications, 13-30.
森口和，2005，「家族社会学史におけるパラダイム転換の一考察：有賀・喜多野論争，核家族論争，個人化論争のレビューを通じて」『教育研究』47：157-168.

森岡清美，1953，「家族研究の一視角：家族周期の理論と方法」『家庭裁判月報』5 (2)：39-81.
———，1956，「嫁と姑の生態」磯村英一・川島武宜・小山隆編『現代家族講座 3　結婚の幸福』河出書房，33-68.
———，1957，「家族の構造と機能」福武直・日高六郎・高橋徹編『講座社会学第四巻　家族・村落・都市』東京大学出版会，17-43.
———，1962，「家族周期論序説」『社会科学ジャーナル』4：1-41.
———，1964a，「核家族論の有用性：山室周平氏の核家族論と日本の家族を読む」『ケース研究』81：22-26.
———，1964b，「家族周期論序説（二）」『社会科学ジャーナル』5：1-26.
———，1965，「家族の変動に対応せる周期段階の設定」『社会科学ジャーナル』6：317-349.
———，1971，「家族研究の課題と方法」姫岡勤・上子武次編著『家族：その理論と実態』川島書店，209-229.
———，1973，『家族周期論』培風館.
———，1974，「日本の家族研究における家族問題」家族問題研究会編『現代日本の家族：動態・問題・調整』培風館，341-357.
———，1986，「家族の福祉機能と社会福祉」望月嵩・本村汎編『現代家族の福祉：家族問題への対応』培風館，1-16.
———，1993a，『現代家族変動論』
———，1993b，「一家族研究者の歩み」石原邦雄・堤マサエ・佐竹洋人・望月嵩編『家族社会学の展開』培風館，335-363.
———，1998，「コメント 1　家族社会学のパラダイム転換を目指して」『家族社会学研究』10 (1)：139-144.
———，2008，「家族機能論再考」『家族社会学研究』20 (2)：5-6.
森岡清美編，1967，『家族社会学』有斐閣.
————，1972，『社会学講座 3　家族社会学』東京大学出版会.
本村汎，2008，「山根家族社会学が遺したもの：「家族力動論」の再考と臨床的実践」『家族社会学研究』20 (2)：7-19.
松島静雄・中野卓，1958，『日本社会要論』東京大学出版会.
Murdock, G. P., 1949, *Social Structure*, Macmillan.（内藤莞爾監訳，1986，『社会構造：核家族の社会人類学』新泉社.）

牟田和恵，1996，『戦略としての家族：近代日本の国民国家形成と女性』勁草書房．

────，2006，『ジェンダー家族を超えて：近現代の生／性の政治とフェミニズム』勁草書房．

中河伸俊，1999，『社会問題の社会学：構築主義アプローチの新展開』世界思想社．

中河伸俊・北澤毅・土井隆義編，2001，『社会構築主義のスペクトラム：パースペクティブの現在と可能性』ナカニシヤ書店．

中根成寿，2006，『知的障害者家族の臨床社会学：社会と家族でケアを分有するために』明石書店．

西野理子，2000，「家族の認知に関する探索的研究：個人の認知と社会規範との連結をめざして」『家族研究年報』25：43-56．

────，2001，「家族認知の条件：最年長のきょうだいへの認知の分析」『家族社会学研究』13（1）：61-71．

西岡八郎・才津芳昭，1996，「「家族とは何か」：有配偶女子から見た家族認識の範囲」『家族研究年報』21：28-42．

新田雅子・木戸功，2007，「後期高齢期の夫婦のみ世帯における生活課題特性（Ⅱ）：夫婦関係史の質的分析を通して」『高齢者問題研究』23：1-16．

野々山久也，1977，『現代家族の論理』日本評論社．

────，1996，「家族新時代への胎動：家族社会学のパラダイム転換にむけて」野々山久也・袖井孝子・篠崎正美編著『いま家族に何が起こっているのか：家族社会学のパラダイム転換をめぐって』ミネルヴァ書房，285-305．

────，1999，「家族研究における理論展開：総括と展望」野々山久也・渡辺秀樹編著『家族社会学入門：家族研究の理論と技法』文化書房博文社，13-41．

野々山久也・袖井孝子・篠崎正美編著，1996，『いま家族に何が起こっているのか：家族社会学のパラダイム転換をめぐって』ミネルヴァ書房．

野々山久也・清水浩昭編著，2001，『家族社会学の分析視角：社会学的アプローチの応用と課題』ミネルヴァ書房．

落合恵美子，1989，「家族社会学のパラダイム転換」『近代家族とフェミニズ

ム』勁草書房，136-165.
――――，1994，『21世紀家族へ：家族の戦後体制の見かた・超えかた』有斐閣.
Ogburn, W. F., 1938, "The Changing Family," *The Family*, 19：139-143.
岡本朝也，1999，「主観的家族論の射程と限界」『家族研究年報』24：21-32.
老川寛，1965a，「「核家族論批判」の検討：山室論文にたいする疑問」『社会学評論』15 (3)：78-87.
――――，1965b，「「核家族論」批判の基本的問題：山室論文における核家族をめぐる理論状況への疑問」『東洋大学大学院紀要』2：209-232.
――――，1986，「山室周平の家族研究」『明治学院論叢』394，395：63-96.
――――，1998，「山室周平の家族研究における問題提起」『家族研究年報』23：18-36.
――――，1999，「小山隆の実証的家族研究」『東洋大学社会学部40周年記念論集』：49-92.
大橋薫，1966，「家族の機能」大橋薫・増田光吉編『家族社会学』川島書店，50-68.
Parsons, T., 1943, "The Kinship System of Contemporary United States," *American Anthropologist*, 45：22-38.（1954, in *Essays in Sociological Theory*, The Free Press, 177-196.）
――――, 1951, *The Social System*, The Free Press.（佐藤勉訳，1974，『社会体系論』青木書店.）
――――, 1954, "The Incest Taboo in Relation to Social Structure and the Socialization of the Child," *British Journal of Sociology*, 5：101-117.（山根常男訳，1971，「インセストタブーと社会構造」山根常男訳編『家族の社会学理論』誠信書房，61-81.）
Parsons, T. and R. F. Bales, 1956, *Family：Socialization and Interaction Process*, Routledge and Kegan Paul.（橋爪貞雄他訳，2001，『家族：核家族と子どもの社会化』黎明書房.）
Parsons, T. and N. J. Smelser, 1956, *Economy and Society: A Study in the Integration of Economic and Social Theory*, Routledge and Kegan Paul.（富永健一訳，1958，1959，『経済と社会：経済

学理論と社会学理論の統合についての研究Ⅰ・Ⅱ』岩波現代叢書.）
Rapoport, R., 1989, "Ideologies about Family Forms：Towards Diversity," in K. Boh et al. (eds.), *Changing Patterns of European Family Life:A Comparative Analysis of 14 European Countries*, Routledge, 53-69.
Reiss, D., 1981, *The Family's Construction of Reality*, Harvard University Press.
Reiss, I. L., 1965, "The Universality of the Family：A Conceptual Analysis," *Journal of Marriage and the Family*, 27：443-453.
Sacks, H., 1972, "An Initial Investigation of the Usability of Conversation Data for Doing Sociology," in D. Sadnow (ed.), *Studies in Social Interaction*, The Free Press, 31-73.（北澤裕・西阪仰訳，1989，「会話データの利用法：会話分析事始め」『日常性の解剖学：知と会話』マルジュ社，93-173.）
——, 1974, "On the Analyzability of Stories by Children," in R. Turner (ed.), *Ethnomethodology*, Penguin Books.
齋藤純一，2003，「依存する他者へのケアをめぐって」『日本政治学会年報「性」と政治』岩波書店，179-196.
才津芳昭，2000，「家族は本当に多様化したのか？：家族多様化論再考」『茨城県立医療大学紀要』5：121-129.
Scanzoni, J., K. Polonko, J. Teachman, and L. Thompson, 1989, *The Sexual Bond：Rethinking Families and Close Relationships*, Sage Publications.
渋谷敦司，1992，「「多様化」する家族のかたち」布施晶子・玉水俊哲・庄司洋子編『現代家族のルネサンス』青木書店，221-242.
———，1999，「少子化問題の社会的構成と家族政策」『季刊社会保障研究』34 (4)：374-384.
志田哲之，2009，「同性婚批判」関修・志田哲之編『挑発するセクシュアリティ：法・社会・思想へのアプローチ』新泉社，133-167.
執行嵐，1955a，「米国における夫婦生活成功の予測研究」『家庭裁判月報』7 (9)：1-24.
——，1955b，「家族研究の潮流 (1)」『家庭裁判月報』7 (10)：1-20.

———, 1955c,「家族研究の潮流（2）」『家庭裁判月報』7（11）：1-35.
———, 1956a,「家族研究に関する若干の提案」『九州大学教育学部紀要』4：59-69.
———, 1956b,「家族の人間関係」磯村英一・川島武宜・小山隆編『現代家族講座1　新しい家族』河出書房, 57-92.
———, 1966,「小家族理論としての核家族概念」『社会科学論集』6：35-56.
下川耿史編, 1997,『昭和・平成家庭史年表：1926→1995』河出書房新社.
進藤雄三, 1997,「家族の概念と定義」石川実編『現代家族の社会学：脱制度化時代のファミリー・スタディーズ』有斐閣, 19-38.
————, 2006,『近代性論再考：パーソンズ理論の射程』世界思想社.
新明正道, 1967,『社会学的機能主義』誠信書房.
庄司洋子, 1986,「家族と社会福祉」『ジュリスト増刊　総合特集』41：131-138.
————, 1993,「現代家族の介護力：期待・現実・展望」『ジュリスト増刊　高齢社会と在宅ケア』有斐閣, 190-196.
Smart, C. and B. Neale, 1999, *Family Fragments?*, Polity Press.
Smith, R. T., 1956, *The Negro Family in British Guiana: Family Structure and Social Status in the Village*, Routledge and Kegan Paul.
副田あけみ, 2004,『介護保険下の在宅介護支援センター：ケアマネジメントとソーシャルワーク』中央法規出版.
—————, 2006,「支援を要する高齢者のための地域ネットワーク構築：地域包括支援センターの取り組みに向けて」『人文学報』372：63-92.
Spector, M. B. and J. I. Kitsuse, 1977, *Constructing Social Problems*, Cummings Publishing.（村上直之, 中河伸俊, 鮎川潤, 森俊太訳, 1990,『社会問題の構築：ラベリング理論をこえて』マルジュ社.）
Spiro, M. E., 1954, "Is the Family Universal?," *American Anthropologist*, 56（5）：839-846.（河合利光訳, 1981,「家族は普遍的か」村武精一編『家族と親族』未來社, 9-23.）
田渕六郎, 1996,「主観的家族論：その意義と問題」『ソシオロゴス』20：19-38.

――――，1998，「「家族」へのレトリカル・アプローチ：探索的研究」『家族研究年報』23：71-83.
――――，1999a，「家族の理論研究とその枠組み」野々山久也・渡辺秀樹編著『家族社会学入門：家族研究の理論と技法』文化書房博文社，277-294.
――――，1999b，「家族戦略と現代家族の変容」庄司興吉編著『共生社会の文化戦略　現代社会と社会理論：支柱としての家族・教育・意識・地域』梓出版社，43-67.
――――，2000，「構築主義的家族研究の動向」『家族社会学研究』12 (1)：117-122.
――――，2002，「グローバリゼーションと家族変動」後藤澄江・田渕六郎編著『グローバリゼーションと家族・コミュニティ』文化書房博文社，64-91.
――――，2006，「分野別研究動向 (家族)」『社会学評論』56 (4)：950-963.
平英美・中河伸俊編，2000，『構築主義の社会学：論争と議論のエスノグラフィー』世界思想社.
――――――――，2006，『新版　構築主義の社会学：実在論争を超えて』世界思想社.
武田誠一，2005，「在宅介護支援センターの役割とその変遷に関する一考察」『新潟青陵大学紀要』5：321-332.
Thomas, D. L. and H. B. Roghaar, 1990, "Postpositivist Theorizing: The Case of Religion and the Family," in J. Sprey (ed.), *Fashioning Family Theory: New Approaches*, Sage Publications, 136-170.
Thomas, D. L. and J. E. Wilcox, 1987, "The Rise of Family Theory: A Historical and Critical Analysis," in M. B. Sussman and S. K. Steinmetz (eds.), *Handbook of Marriage and the Family*, Plenum Press, 81-102.
戸田貞三，1937，『家族構成』弘文堂.（2001，新版，新泉社.）
――――，1948，「家族の構成と機能」田辺嘉利編『社会学大系　家族』国立書院，9-56.
苫米地伸，2002，「相互行為における家族：グブリアムとホルスタインの構

築主義的アプローチ」伊藤勇・徳川直人編『相互行為の社会心理学』北樹出版，161-177.
土屋葉，2002，『障害者家族を生きる』勁草書房.
上野千鶴子，1991，「ファミリィ・アイデンティティのゆくえ」上野千鶴子・鶴見俊輔・中井久夫・中村達也・宮田登・山田太一編『シリーズ変貌する家族１　家族の社会史』岩波書店，1-38.
――――，1994，『近代家族の成立と終焉』岩波書店.
――――，2008，「家族の臨界：ケアの分配公正をめぐって」『家族社会学研究』20 (1)：28-37.
上野和男，1984，「大家族・小家族・直系家族：日本の家族研究の三つの系譜」『社会人類学年報』10：29-50.
宇野正道，1978，「戸田理論における生活の視点」『家族研究年報』4：38-49.
渡辺秀樹，2008，「家族意識の多様性：国際比較調査に基づいて」『社会学年誌』49：39-54.
Winch, R. F., 1963, *The Modern Family*, Holt, Rinehart and Winston.
矢原隆行，2001，「「家族」をめぐる語り：人々の視点を用いた家族社会学の可能性」木下謙治編『家族社会学：基礎と応用』九州大学出版会，107-119.
山田昌弘，1986，「家族定義論の検討：家族分析のレベル設定」『ソシオロゴス』10：52-62.
――――，1994，『近代家族のゆくえ：家族と愛情のパラドックス』新曜社.
――――，2005，『迷走する家族：戦後家族モデルの形成と解体』有斐閣.
――――，2007，『少子社会日本：もうひとつの格差のゆくえ』岩波書店.
山室周平，1951，「家族発展系列理論の現段階：G. P. Murdock の新学説について」『山梨大学学芸学部研究報告』2：53-60.
――――，1957，「家族の歴史的発展」福武直・日高六郎・高橋徹編『講座社会学　第四巻　家族・村落・都市』東京大学出版会，1-16.
――――，1958，「核家族論の発展と西欧の現代家族社会学」『思想』404：93-101.
――――，1963，「核家族論と日本の家族」(1) (2)『ケース研究』77，78：23-32，9-22.
――――，1964，「核家族論批判の立場：現代家族社会学の前進のために」

『社会学評論』15 (1)：2-13.
―――, 1966a,「昼・夜間世帯人口論：昭和35年度における三つの全国調査にもとづく，その推定と分析」『社会学評論』16 (3)：2-24.
―――, 1966b,「核家族論批判にたいする「疑問」に答えて：老川寛「「核家族論」批判の検討――山室論文にたいする疑問」を読みて」『社会学評論』16 (3)：121-129.
―――, 1967,「昭和40年10月現在における在宅率の分布と昼・夜間世帯人口の推定」『横浜国立大学　人文紀要』13：34-62.
―――, 1968,「核家族は理想の家族か：核家族論と戸田理論をめぐって」『ケース研究』109：16-22.
―――, 1970,「家族理論 (1)：問題状況と当面の課題」山室周平・姫岡勤編『現代家族の社会学：成果と課題』培風館, 201-222.
―――, 1971,「家族の機能：戦後の研究動向と今後の課題」姫岡勤・上子武次編著『家族：その理論と実態』川島書店, 29-52.
―――, 1973,「家族とは何か：作業仮説としての概念規定の試み」青井和夫・増田光吉編『家族変動の社会学』培風館, 23-35
山室周平・服部浩則, 1955,「農村の家族はいかなる機能を，いかに果たしているか：東信地方に於ける若干の事例」『社会学評論』6 (1)：68-96.
山根常男, 1954,「家族の社会的機能と夫婦関係に関する一考察」『社会学評論』4 (3)：81-85.
―――, 1956,「都市生活における家族の機能」『都市問題』47 (6)：10-19.
―――, 1959,「社会学と精神分析」『社会学評論』9 (4)：2-20.
―――, 1963,「家族の本質：キブツに家族は存在するか？」『社会学評論』13 (4)：37-55.
―――, 1971,「家族の本質：その概念分析」姫岡勤・上子武次編著『家族：その理論と実態』川島書店, 1-28.
―――, 1972,『家族の論理』垣内出版.
―――, 1979,「「家族と福祉」を考える　家族社会学の立場から」『家族研究年報』5：1-7.
―――, 1998,『家族と社会：社会生態学の理論を目ざして』家政教育社.

大和礼子，1999，「夫婦関係研究における三つのパースペクティブ」野々山久也・渡辺秀樹編著『家族社会学入門：家族研究の理論と技法』文化書房博文社，195-225.
山崎敬一編，2004，『実践エスノメソドロジー入門』有斐閣.
吉澤夏子，2000，「人間の社会にとって家族は必然か？」大澤真幸編『社会学の知33』新書館，84-89.
全国在宅介護支援センター協議会，2004，『これからの在宅介護支援センターの在り方：これからの高齢者介護における在宅介護支援センターの在り方に関する検討委員会　報告書』（全国地域包括・在宅介護支援センター協議会　http://www.zaikaikyo.gr.jp/siryo/pdf/001.pdf：最終閲覧日2009年12月２日）

著者紹介

木戸　功（きど・いさお）

1968年生まれ．早稲田大学大学院人間科学研究科博士後期課程修了
早稲田大学人間科学部助手，日本学術振興会特別研究員，立教大学，和光大学，聖心女子大学などの非常勤講師を経て，現在，札幌学院大学人文学部准教授
専門：家族社会学
主な著作に『間主観性の人間科学』（共著，言叢社，1999年），『社会学的まなざし』（共著，新泉社，2003年），『エイジングと日常生活』（共著，コロナ社，2003年），『自立と共生の社会学』（共著，学文社，2009年）など．音楽を好み嗜む

概念としての家族——家族社会学のニッチと構築主義

2010年2月10日　第1版第1刷発行

著　者＝木戸　功
発　行＝株式会社 新 泉 社
東京都文京区本郷 2-5-12
振替・00170-4-160936 番　TEL 03(3815)1662／FAX 03(3815)1422
印刷／モリモト印刷　製本／榎本製本

ISBN978-4-7877-1001-7　C1036